Arde mi corazón

Si tienes este libro en tus manos, probablemente es porque quieres tener un corazón que arda para Dios. Quizás ya lo tienes y si es así, la lectura de este recurso puede abrirte los ojos para que puedas ver lo fácil que es perderlo, pero al mismo tiempo puede animarte a seguir cultivándolo para que la llama crezca. Por otro lado, si alguna vez tuviste un corazón en llamas para Dios y se apagó o nunca lo has tenido, el testimonio de María José, en la introducción de este libro, te ayudará a ver que esa es la realidad de un gran número de personas. Los capítulos siguientes te hablarán de manera sencilla y clara de la mayor necesidad del ser humano: la de vivir en cercanía al corazón de Dios. Verás cómo la Biblia te lleva a conocer a Dios y el conocimiento de Dios te lleva a amar a ese Dios. Una vez que lo amas, desearás obedecerlo (Juan 14:15,21). Esa es la conclusión a la que te lleva la autora también. Creo que este libro, testimonial y bíblico a la vez, puede iluminar y motivar a muchos a acercarse al Dios creador y redentor.

> **Miguel Núñez** *(MD, DMin.), pastor titular de la Iglesia Bautista Internacional (IBI) en Santo Domingo, República Dominicana. Es presidente del Instituto Integridad y Sabiduría donde también es parte del cuerpo docente.*

Este libro es tanto para el creyente que recién comienza su trayectoria espiritual como para aquel que fue rescatado por la gracia de Dios hace años. Si perteneces al primer grupo, en estas páginas se te muestra el camino hacia una vida donde la lectura de la Biblia es más que una casilla que marcar y, al mismo tiempo, recibes ayuda para abordar su estudio paso a paso. Si estás en el segundo grupo, tal vez has batallado con el deseo de conocer más a Dios, de tener una relación con Él que se salga de lo rutinario o lo superficial. Pero no sabes cómo. En «Arde mi corazón» no solo identificarás problemas sino que hallarás soluciones. De manera sencilla y clara, con mucho sentido práctico, su autora te ayudará a romper la inercia y mostrarte el rumbo a una vida cuya mayor pasión sea conocer en verdad al Dios Salvador.

> **Wendy Bello,** *maestra de Biblia y conferencista. Ella es la autora de* Un corazón nuevo, Una mujer sabia *y* Decisiones que transforman.

Vamos directo al grano: cuando se trata de la Palabra de Dios, ¿te sientes apático, insensible, dormido? No estás solo. Muchos cristianos experimentan los mismos síntomas de desnutrición espiritual. Sabemos que la Biblia es esencial, pero muchas veces nos conformamos con las migajas y luego nos quejamos de sentirnos vacíos y débiles. Pero tu situación no se resolverá con otro libro sobre la Biblia. En este libro, Majo nos despierta de esa apatía silenciosa y nos muestra que la Biblia no es un deber más en la lista, sino el manjar que nutre una vida plena en Cristo. Esta es su invitación: dejar atrás el piloto automático y acercarnos a disfrutar de la Palabra de Dios. Con herramientas prácticas e interactivas que te harán sentir acompañado en el proceso, como si Majo tomara tu mano y te dijera: «Vamos, quiero encaminarte a tu Emaús».

> **Betsy Gómez,** *oriunda de la República Dominicana, vive en Dallas, Texas. Está casada con Moisés Gómez y tiene cuatro hijos: Josué, Samuel, Grace y David. Betsy es coautora del libro* Una vida al revés *y autora de* Soy niña.

En la vida cristiana, la salud espiritual no se mide en ministerios, actividades o experiencias. Es posible tener mucho de eso y realmente amar esas cosas más que a Dios mismo y conocerlo a Él. En este libro, Majo nos lleva a través de una jornada descriptiva, de un mal silente que azota a nuestra generación: la falta de pasión por Dios, el Dios infinito y más deseable que cualquier cosa y aun así, nos hemos acostumbrado a escuchar acerca de Él y a «servirle» sin amarlo, desearlo y disfrutarlo a Él con profunda intensidad, hambre y sed. Si estás ahí, este libro es para ti. No caminas solo, María José te acompaña en este caminar, y el Espíritu que inspiró y hace viva la Biblia, produce que arda tu corazón a medida que te guía a través de Sus Palabras, y la vida de Cristo enciende y aviva el fuego en tu vida.

> **Jeanine Martínez** *(M. A. The Southern Baptist Theological Seminary y MSC), es misionera y sirve como diaconisa en la iglesia Reforma en Guatemala. Autora de* Cómo ordeno mi vida, Doctrina para todas *y* Biblia para todas.

MARÍA JOSÉ RIVERA

Arde mi corazón

CÓMO RECUPERAR TU AMOR POR DIOS

ESPAÑOL®
BRENTWOOD, TENNESSEE

Arde mi corazón: Cómo recuperar tu amor por Dios

B&H Publishing Group
Brentwood TN, 37027

Diseño de portada: Kara Klontz,
Imágenes portada: Summit Art Creations/Shutterstock, Anant Kasetsinsombut/Shutterstock, MattanaT/Shutterstock y Natalya Bosyak/iStock.
Imágenes interior: shutterstock_2491215317, shutterstock_2152950139.
Ilustraciones:B&H español.

Clasificación decimal Dewey: 234.4
Clasifíquese: REGENERACIÓN (CRISTIANISMO) \ VIDA CRISTIANA \ ARREPENTIMIENTO

ISBN: 979-8-3845-0887-8

Impreso en EE. UU.
1 2 3 4 5 * 28 27 26 25

ÍNDICE

Dedicatoria		ix
Agradecimientos		xi
Capítulo 0	El elefante en la habitación	1
Capítulo 1	Un ritmo que desconecta	25
Capítulo 2	Ocupados en la superficialidad	51
Capítulo 3	Dios sin Biblia	77
Capítulo 4	El camino que enciende el amor	105
Capítulo 5	Despertando el corazón	131
Capítulo 6	Encendiendo el corazón	155
Capítulo 7	Una relación de intimidad	179
Capítulo 8	Viviendo para Él	207
	Apéndices	
Apéndice A	¿Cómo está mi corazón hoy?	231
Apéndice B	Evaluando mi motivación de lectura delante del Señor	233
Apéndice C	El método dinámico de meditación	235

A los míos.

Alonso, Aitana y Salvador:

Que Dios siga haciendo de nosotros una familia que tenga un corazón que arda por su Señor.

Los amo.

María José.

AGRADECIMIENTOS

Por sobre todas las cosas a Dios, mi Señor, el Amante de mi alma. Este libro no existiría sin que Su gracia me siguiera rescatando cada día de mí misma y me permitiera tener el privilegio inmerecido de escuchar Su voz y escribir sobre Él.

A Alonso, mi amor, por toda tu paciencia, tus oraciones, tus ánimos y tu apoyo incondicional a lo largo de este camino. Por celebrar conmigo cada capítulo terminado y por apoyarme para que me tomara el tiempo necesario para pasar horas escribiendo detrás de la pantalla.

A mis hijos, Aitana y Salvador, quienes tuvieron paciencia las tardes que mamá no podía dedicarles el tiempo que hubiera querido, para poder servir a la iglesia de Jesús escribiendo estas páginas.

A mis papás y hermanos, quienes han estado en primera fila celebrando siempre mis nuevas aventuras y orando por mí en este camino.

A Pepe Mendoza, no solo por editar este libro con tanta paciencia, compromiso y dedicación, sino sobre todo por haberme ayudado, a lo largo de estos veinte años, a conocer mejor a Cristo a través de tu propia vida.

A Pao Balvín y Pame Cross, mis amigas, las que son más unidas que una hermana, quienes han orado por mí, han secado mis lágrimas y han estado siempre en la brecha mientras la vida seguía sucediendo y estas páginas se seguían escribiendo.

A Lyn Jerez, no solo por su amistad incondicional, sino también por enseñarme a evaluar las motivaciones de mi corazón para vivir conforme a la sabiduría de Dios.

A Jeanine Martínez, por invertir en mi vida y enseñarme a amar las Escrituras para poder amar a mi Dios.

A Gina Zanuncini, por regalarme una amistad donde pensamos juntas sobre Dios. Muchas de las ideas escritas se afinaron en medio de nuestras conversaciones.

A mis chicas de los miércoles de meditación, por permitirme enseñarles cada semana cómo conocer a Dios a través de la Biblia. Este libro es fruto de nuestro tiempo juntas.

A mis amigos y a mi comunidad en las redes sociales que han orado por este libro mientras lo iba escribiendo. Gracias por elevar olor fragante a mi favor delante del trono del Rey.

A Gina Reinoso, por creer que tenía algo útil que decir y animarme a escribir la primera propuesta de este libro.

A Joel Rosario, por siempre creer en mí, por siempre animarme y por apostar a que este libro se hiciera realidad.

A Elizabeth Works y todo el equipo de Lifeway y B&H en Español que han trabajado con diligencia y cariño para que este libro hoy pueda estar en las manos de tantas personas de habla hispana.

Y a ti, querido lector, por darme la posibilidad de entrar en tu vida a través de aquello que Dios me ha enseñado. Lo considero un privilegio y no lo doy por sentado.

«Marta, Marta, tú estás preocupada y molesta por tantas cosas; pero una sola cosa es necesaria, y María ha escogido la parte buena, la cual no le será quitada».

—Jesús
(Luc. 10:41-42)

CAPÍTULO 0

EL ELEFANTE EN LA HABITACIÓN

Hay un elefante en el medio de la habitación y está pasando desapercibido. Todos están concentrados en sus diversas tareas y nadie lo ve. Unos ordenan, otros recogen lo que está en el suelo, otros limpian, el resto conversa. El elefante sigue ahí.

Nadie lo ve.

(Aunque también es posible que no lo quieran ver).

¿Te imaginas un elefante en medio de una habitación y que nadie lo vea? Pareciera una locura, ¿no?

Hay realidades que están presentes dramáticamente delante de nuestros ojos, pero estamos tan concentrados en nosotros mismos o en las tareas pendientes, que perdemos la capacidad de prestarle atención a ese gran paquidermo en medio de la habitación o, quizás, lo hemos visto tanto que ya se hizo «parte del paisaje» y nos hemos acostumbrado a su presencia.

Cualquiera de las dos opciones es posible. La historia del elefante en medio de la habitación ha sido mi historia, pero sé que también es parte de la historia de muchos cristianos hoy en día.

¿Quién es el elefante?

Es muy grande y portentoso; es tan pesado, que si cayera encima de ti acabaría con tu vida en un instante. No solo eso, sino que, definitivamente, tu habitación no es lugar para un elefante. Sin duda, dejarlo ahí traerá consecuencias y daño a tu alrededor o incluso a él mismo.

El elefante en medio de la habitación no es un tema secundario.
No es un asunto sin mayor relevancia.
Se trata de algo urgente,
y muy importante.
Necesitamos prestarle mucha atención.

El «elefante» en medio de la habitación es la realidad de que nuestra generación cristiana, la gran mayoría de los creyentes, no está leyendo sus Biblias. De alguna manera lo sabemos, lo hemos normalizado y hasta ha dejado de ser un tema sensible o incluso preocupante. Damos por hecho que deberíamos leer la Biblia, que tenemos que hacerlo, inclusive que lo estamos haciendo; pero si no lo estuviéramos haciendo, nadie se alarmaría.

La verdad es que no hemos llegado a este punto crítico gratis. No tengo la menor duda de que cuando conocimos al Señor queríamos conocerlo más. Pero al abrir la Biblia descubrimos que no era tan fácil leerla (y tampoco era tan entretenida), entonces solo nos hemos quedado con algunos de sus libros, así como con algunos pasajes bíblicos (los más sencillos y aplicables, por supuesto).

Lo sé. He estado ahí.

Me pesaba leer mi Biblia, sabía que tenía que hacerlo, pero no sabía cómo. No sabía por dónde empezar, cómo interpretarla y mucho menos cómo aplicarla. Entonces, ¿la verdad? Eran más los días en los que no la leía, que los días en los que sí lo hacía.

Te voy a confesar algo: Nunca me habían enseñado a leer la Biblia, pero tampoco se me había ocurrido que era necesario aprender a hacerlo.

Parece algo tan obvio, ¿no? Digo, leer la Biblia. Es solo leerla, ¿por qué tendrían que enseñarnos a hacerlo?

De partida, en América Latina tenemos grandes dificultades con nuestros niveles de comprensión lectora. Antes del COVID-19 ya teníamos problemas para entender lo que leíamos, después de la pandemia los índices han caído dramáticamente.[1]

Entonces, si partimos del hecho de que a gran parte de la población cristiana le cuesta mucho entender lo que lee, y si a eso le sumamos que la Biblia no es un libro como cualquier otro porque tiene características particulares que debemos aprender a reconocer y a tener en cuenta para saber cómo leerla, entenderla y aplicarla, la figura cambia por completo, ¿verdad?

Porque claro, ahora son tres los desafíos que tenemos por delante.

Y no es que nuestras iglesias no hayan hecho el trabajo formativo. Nos están predicando de la Biblia cada semana, nos enseñan doctrina (es decir, en qué creer), inclusive nos enseñan sobre libros enteros de la Biblia, nos dan talleres sobre cómo debemos vivir de acuerdo con lo que dice la Biblia y todo eso es necesario.

Pero nos hemos olvidado del elefante en medio de la habitación: No nos están enseñando a leer la Biblia por nosotros

---

1. Banco Mundial, UNICEF y Unesco. *Dos años después / Salvando a una generación*, 67. https://documents1.worldbank.org/curated/en/099519106222227657/pdf/IDU0ee485f500c82d042e60a8a80732ab3beacab.pdf

mismos, entonces no la estamos leyendo y eso es grave, aunque ya ni lo sintamos así.

Nos hemos demorado en darnos cuenta de que las personas necesitan aprender a leer sus Biblias y para eso hay que enseñarles y acompañarlas hasta que puedan hacerlo solas.

El gran problema es que la ausencia de esta enseñanza ha hecho muy común el no haber desarrollado el hábito de leer la Biblia. Por eso, es más frecuente de lo que podríamos imaginar, ¿no es cierto? Las razones que podríamos enumerar pueden ser varias:

- No la entiendes.
- Te resulta aburrida.
- No te gusta leer.
- Eres flojo.
- Ya tiraste la toalla.
- Coloca aquí tu razón: ________________.
- Todas las anteriores.

No sé cuál sea la tuya, pero creo que la mía era «todas las anteriores», salvo la de que no me gustaba leer. Yo también había perdido el hábito de leer la Biblia y la verdad es que esa no era solo mi normalidad, sino una realidad que veía en todas las personas a mi alrededor. Era como el elefante en la habitación, la «normalidad aceptada» de la que ya ni se hablaba en la iglesia.

Sí, la Biblia es un libro diferente, y para quien quiera leerlo y no sabe cómo hacerlo puede resultar todo un desafío.

Por eso admiro mucho a quienes por propia voluntad han investigado, estudiado y aprendido a hacerlo. Debo admitir que no soy esa clase de persona; yo necesito que me enseñen y me guíen.

La historia de mi elefante

La verdad es que esa guía no llegó, por lo menos a lo largo de la primera década que caminé en el cristianismo. Las dos iglesias a las que asistí hasta ese entonces me habían enseñado mucho, pero no me habían enseñado cómo hacer lo más básico: leer mi Biblia.
¿El resultado?

> **Mi corazón estaba frío y Dios se sentía lejos.**
> **Entre Él y yo había casi un desierto de distancia.**
> **Mi vida era un reflejo de mi apatía hacia Dios.**

Me daba igual si íbamos o no a la iglesia, vivía frustrada y completamente centrada en mí misma. Había aprendido a vivir pidiéndole a Dios que respondiera los deseos de mi corazón, y cuando no lo hacía, me molestaba mucho.

Recuerdo que en esa época leí un libro que hablaba sobre negarse a uno mismo, y el mensaje me molestó tanto que cerré el libro ofuscada y juré nunca más volver a leer nada de esa autora. En eso se había convertido el cristianismo para mí: el acceso directo a Dios para que Él hiciera lo que yo le pidiera. Un cristianismo de autoayuda, por decirlo de alguna manera.

Cuando me daba cuenta de que la Biblia estaba en mi mesa de noche, me recordaba que debía leerla. Me acercaba, le quitaba el polvo y volvía a dejarla en su lugar con una nota mental de tomarla con más seriedad a la mañana siguiente.

¿Quieres que te sea súper sincera?
Ni siquiera me interesaba leerla.
Esa es la verdad.
¿Por qué te voy a engañar?

Siento tanto tristeza como vergüenza mientras escribo estas palabras, pero sin querer disculparme o minimizar mi propia culpa, quizás tampoco veía cristianos que me impactaran y que me llevaran a cuestionarme y decir:

«Sí, la vida cristiana es diferente.
Vale la pena este esfuerzo.
Aquí hay un tesoro.
Eso también quiero para mí».

Al final, la vida de los que estaban a mi alrededor era más de lo mismo luego del primer impacto de la conversión. Un tiempo apasionado de actividades religiosas que luego se iba apagando con la monotonía y las demandas de la vida. Ahora que miro hacia atrás y recuerdo lo que viví, se me rompe el corazón porque… ¿cómo es posible que ese fuera el resultado de una vida salvada por Jesús?

No se trata de un título

La vida cristiana pierde su completo sentido si solo es un título que llevamos:

«Soy cristiano».

Mi querido Pepe Mendoza suele decir que la espiritualidad de nuestros tiempos tiene el grosor de una hoja de papel. Está en lo cierto. No sabemos cómo vivir vidas profundas con Dios, en muchos casos ni siquiera sabemos que es una posibilidad real.

A lo largo de mis años de creyente escuchaba esta frase: «Jesús es suficiente» o «nuestra plenitud está en el Señor». Y sí, también las usaba. Pero, ¿te soy sincera? No entendía realmente «cómo se comía eso», cómo se veía, cómo se materializaba en mi vida práctica e íntima con Jesús.

¿Qué es una vida abundante o una vida plena?
¿Una que tiene todo lo que quiere?
¿Una que tiene paz?

¿Una que no necesita nada?
¿Qué es?

Creo que, hasta cierto punto, simplemente me acostumbré a incorporar esa frase como un cliché del cristianismo. Si alguien hablaba de su plenitud en Jesús, yo sabía que quería eso, pero no sabía cómo lograrlo (y menos qué era exactamente), o quizás hasta lo estaba viviendo, solo que no sabía cómo identificarlo.

Creo que muchos están en ese punto. No podemos decir que los cristianos no quieren a Dios, los verdaderos hijos de Dios anhelan una relación más profunda con su Padre, ese es el milagro de la salvación. Sabemos que hay más, pero no sabemos cómo llegar a ese punto. Vemos historias inspiradoras de misioneros o teólogos famosos y decimos: «Wow, ese sí que era un santo» o «yo quisiera una relación así con Dios».

Sí, yo también me he sentido así.

Nos hemos mareado en medio del quehacer supuestamente piadoso. Entre las responsabilidades que solemos cumplir fielmente, nos hemos olvidado por completo de que el primer llamado es a sentarnos a Sus pies en quietud y escuchar Su voz poderosa, amorosa y transformadora.

Y esta es la vida eterna: que te conozcan a Ti, el único Dios verdadero, y a Jesucristo, a quien has enviado.

(Juan 17:3)

Él es la vida, conocerlo a Él. En Él está la plenitud y el punto cumbre de nuestra espiritualidad. Conocer al Dios incomprensiblemente bueno y tres veces santo que nos ha salvado. Tenemos una espiritualidad del grosor de una hoja de papel porque nos hemos dedicado a hacer sin primero llenar el alma con lo que más necesitamos.

San Agustín lo dijo muchos, muchos años atrás: «Nos hiciste, Señor, para ti, y nuestro corazón está inquieto hasta que descanse en ti».[2] Por eso vivimos aturdidos y ajetreados. No hemos detenido nuestro corazón en Su presencia para ser cuidados por las manos perforadas más tiernas que existen, para ser sostenidos por nuestro Padre que quiere que disfrutemos de Él.

Hemos perdido el primer amor

He tenido conversaciones con cristianos de diferentes países de América Latina y hay un sentimiento que se repite: pueden estar muy activos en sus iglesias, pero en lo profundo de sus corazones se perciben alejados de Dios, sienten que la relación con Jesús es distante y no tienen idea de cómo detenerse y volver a Él.

Pero también mentiría si dijera que sienten la urgencia de hacerlo; saben que deben hacerlo, quieren hacerlo, pero están acostumbrados a vivir como están.

Mi corazón se conmueve profundamente al tener estas conversaciones porque, al haber estado ahí, no solo entiendo lo desesperanzador que es sino lo peligroso que puede ser.

El gran riesgo está en creer que ya lo hemos alcanzado, que ya llegamos al punto más alto porque ya «somos cristianos», ya Jesús nos salvó; pero, en realidad, no podemos ni siquiera pasar la superficie y seguimos dando vueltas en lo básico, sin crecer realmente ni experimentar la vida abundante que Jesús promete.

---

2. San Agustín, *Confesiones*, i, i, 1.

Ahora, lo cierto es que todos los hijos de Dios tenemos un deseo en nosotros que no es natural: Queremos conocer a Dios, queremos buscarlo, queremos más de Él (aunque ese deseo se haya convertido con el tiempo en una gran frustración que guardamos en secreto).

Antes de ser salvados por Dios, ese deseo era inexistente en nosotros. La Biblia dice que nadie busca a Dios, que nadie lo desea (Rom. 3:11). Simplemente, estábamos muertos (ojo con la palabra que usa la Biblia, dice que estábamos «muertos», no moribundos) en delitos y pecados (Ef. 2:1). Esa es la realidad natural del ser humano sin importar quién seas.

¿Lo milagroso? Es haber pasado de muerte a vida por la obra de Cristo y querer conocerlo y tener más de Él.

¿Recuerdas el momento en que tus ojos fueron abiertos y entendiste lo que Jesús hizo en la cruz por ti? ¿Recuerdas la emoción? ¿El deseo de compartir lo que acababas de descubrir con todos? ¿La alegría con la que ibas a la iglesia para compartir con tus nuevos hermanos esas verdades recién descubiertas? ¿La expectativa con la que buscabas aprender más y más?

Pero dime, ¿qué pasó?

Yo suelo decir que «la vida» pasó.

Una avalancha llamada «vida» me fue envolviendo con preocupaciones, actividades, distracciones y responsabilidades. Poco a poco, esa llama que ardía apasionada por Dios se fue disipando hasta dejar un corazón frío que, aunque quería más de Dios, no sabía cómo volver o empezar de nuevo. Mientras tanto, la vida seguía pasando y soplando con fuerza.

¿Te suena familiar?

No solo a ti. Hay varios personajes en la Biblia que han pasado por algo similar, pero no quiero que fijemos nuestra atención en un personaje en particular, sino en la iglesia de Éfeso en el libro de Apocalipsis (2:1-6). En los capítulos 2 y 3, nos encontramos con Jesús y vemos que Él está enviándoles mensajes específicos a siete de las iglesias que se encuentran en Asia.

Jesús empieza por la iglesia de Éfeso y exalta las obras que habían hecho los efesios. Cuánto habían perseverado, cómo se habían enfrentado a la maldad y a los falsos maestros, y cómo habían sufrido en el nombre de Cristo. Fíjate qué obras tan admirables. Si las comparamos con las obras de nuestras iglesias actuales, ¿cómo saldríamos evaluados?

Pero observa, Jesús no se queda solo con los elogios. Ahora viene lo que para mí son unas de las palabras más duras del Nuevo Testamento. Jesús empieza por enumerar todas las buenas obras que estaba haciendo esta iglesia, todas loables y dignas de admiración. Entonces, Jesús introduce un «pero». ¿Cómo que «pero», Jesús? Han sufrido por tu nombre, se han levantado en contra de la mentira, han perseverado en medio de las pruebas,

¿qué
podría
estar
mal?

Pero tengo *esto* contra ti:
que has dejado tu primer amor.

(Apoc. 2:4)

Efesios, externamente todo lo han hecho bien. Pero nada de eso lo hicieron porque me aman.

Cataplún.

Listo. Eh, ¿alguien apaga la luz y nos vamos todos?

Cómo no tomar las palabras de Jesús y pensar: «¿Y qué hay de mí? ¿Cómo me veo yo en esa evaluación?».

Las iglesias de nuestros tiempos tienen una característica particular: realizan muchas actividades. Los anuncios suelen estar llenos de compromisos y eventos. Creo que hasta cierto punto eso está bien, pero muchas veces (más de las que deberían) nos distraen del llamado principal que tienen los hijos de Dios: Amar a Dios con todo lo que somos: alma, mente y fuerzas.

Jesús no está hablando de orden de aparición cuando usa la palabra «primer». Es decir, es lógico que cuando nacimos nuestro primer amor no fue hacia Dios, sino, con alta probabilidad, hacia nuestros padres. Jesús usa esa palabra para hablar de prioridad, del amor más importante. En otras palabras es como si les dijera: «Efesios, yo ya no soy lo más importante para ustedes, me han dejado de lado. Hay algo más que está ocupando y reinando en sus corazones».

¿Sabes por qué menciono las palabras de Jesús cuando estoy hablando de nuestra flojedad por leer la Biblia? Porque nuestra falta de amor está directamente relacionada con nuestra falta de profundidad en la Palabra de Dios.

¿Cómo amas a quien no conoces? Si no lo conoces, ¿cómo puedes tener una relación íntima con Él? Si no hay intimidad, ¿cómo puedes amarlo o dejarte amar? Lo cierto es que no podemos amar a quien no conocemos, no podemos conocer a Dios si no leemos el libro que Él mismo nos ha dejado para darse a conocer.

Jesús mismo dijo que todas las Escrituras hablan de Él (Luc. 24:25-27). Sí, eso quiere decir que desde Génesis hasta Apocalipsis la Biblia habla de Jesús. Si queremos conocerlo, ¿entonces cuál es el lugar al que tenemos que ir? Exacto, a la Biblia.

Si no conocemos a Jesús, ¿cómo vamos a amarlo?
Si no conocemos a Jesús, ¿cómo podemos saber que lo que estamos haciendo son las obras que Él preparó para nosotros?
Es simplemente imposible.
Porque nadie ama lo que no conoce.

Quizás amas tu concepto de Dios, pero ¿estás seguro de que ese es el Dios de la Biblia?

Sé que es una pregunta confrontadora y difícil. Pero necesitamos hacerla y no debemos evitar responderla como si ocultáramos al elefante en la habitación. Sobre todo si estás donde yo estaba: trece años de haber confiado en la obra de Jesús, pero ni siquiera había leído la Biblia completa.

«Es que no tengo tiempo»

No tengo cómo defenderme cuando digo que en trece años de vida cristiana no tuve tiempo para leer toda la Biblia. Está bien, no iré tan lejos, solo digamos que no tendría cómo defenderme si dijera que en trece años no tuve tiempo para leer la Biblia.

Los clásicos «estoy *a full*» o «no tengo tiempo» son frases completamente aceptadas en nuestros días. Sin embargo, quisiera que me permitas ser un poco preguntona:

¿Para qué no tienes tiempo?
Y, ¿por qué no lo tienes?

Creo que cuando nos hacen esas preguntas directamente nos da hasta vergüenza las respuestas con la que solemos justificarnos a nosotros mismos. En el mejor de los casos, respondemos con voz bien baja y mirando al suelo: hay tiempo para muchas cosas, pero no tenemos tiempo para leer la Biblia.

Cómo pesa decir esas palabras, ¿no?

Es que lo sabemos, en el fondo lo sabemos.
No es el tiempo.
Somos nosotros.

Suelo decir con frecuencia que Dios tendría que ser un Dios malo si es que nos ha hecho para encontrar nuestra plenitud en Él al conocerlo en profundidad, pero no nos da el tiempo para hacerlo.

Es una definición básica de la Biblia que Dios es bueno y no es malo. Entonces, lo que nos queda en la ecuación es reconocer que los que estamos usando mal nuestro tiempo somos nosotros.

Si sabemos que Dios nos ha creado para encontrar nuestra plenitud en Él, pero nos llenamos de tantas actividades, distracciones y tareas (por más buenas y piadosas que sean) que nos dejan sin tiempo para conocer a Dios y crecer en intimidad con Él, entonces, ¿realmente estamos haciendo aquello que Dios nos ha llamado a hacer?

Porque si tu respuesta es sí, entonces Dios es incongruente y te está pidiendo algo que no podrás hacer. Te está prometiendo una vida abundante en Él, pero no te está dejando alcanzarla.

Espera, no solo es incongruente, sino que hasta es malvado.

¿Estás de acuerdo conmigo al reconocer que ese no es el Dios que revelan las Escrituras?
Por supuesto que no.

Nuevamente, Dios es bueno por definición. Entonces, la justificación «no tengo tiempo» no es más que una excusa para no hacer lo primero que tenemos que hacer: seguir poniendo leña a la fogata que mantiene vivo nuestro primer amor. ¿Cuál es la leña? Su Palabra.

Sé que es duro enfrentarnos a los hábitos, rutinas y ocupaciones que hemos ido creando a lo largo de nuestra vida, con los que nos sentimos cómodos y con los que estamos aparentemente bien. Pero Dios no nos compró con Su sangre para que vivamos vidas a medias, guiados por nosotros mismos. Nos compró y nos liberó para Él. Eso implica muchas veces detenernos y reconocer cómo y qué estoy haciendo que me está robando el tiempo para lo más importante: ¡Crecer en mi amor por Dios!

Un Dios de intimidad

Yo me daba cuenta de lo frío y apático que estaba mi corazón hacia Dios, a pesar de que con mi boca jamás hubiera reconocido esa indiferencia. En el fondo yo lo sabía muy bien (ese elefante estaba en mi propia habitación), pero me había alejado tanto que comprendía que volver requería muchos cambios y renuncias que realmente no estaba lista para enfrentar.

Había dejado de lado a Dios.
Me había acostumbrado a vivir así.

Renunciar a mucho no solo era doloroso, sino que significaba ser vulnerable al reconocer que sí, que necesitaba de Dios y que lo necesitaba más que nunca porque a diferencia de mi vida antes de Él, ahora sí sabía de qué me estaba perdiendo.

Entonces, lo cierto es que yo quería volver, pero no sabía cómo. Quizás mi testimonio te parece un poco exagerado y tu corazón no está tan congelado como lo estaba el mío. Es posible que estés en la búsqueda de profundizar tu relación con Dios, pero no sabes cómo hacerlo. Cualquiera que sea el lugar donde estés con Dios ahora mismo, déjame decirte algo:

Dios anhela tener una relación íntima y amorosa con Sus hijos.

Si tú has confiado en la obra de Jesús en la cruz, entonces eso también te incluye a ti.

Dios quiere que descubras el mayor disfrute que hay en esta vida. Tengo que reconocer que las siguientes palabras eran para mí un gran signo de interrogación:

En Tu presencia hay plenitud de gozo.

(Sal. 16:11b)

Las entendía de vez en cuando. Quizás después de un retiro en la iglesia, después de una noche de adoración o luego de un gran sermón. Pero no tenía ni idea de que podíamos vivir así: con gozo constante en Su presencia. Llegar a ese descubrimiento para mí ha sido un *game changer*, cambió por completo toda mi relación con Dios.

La razón es sencilla: Dios quiere que lo conozcas en intimidad, tú y Él.

Es en esa intimidad donde Dios se revela en lo profundo del alma para darnos vida.

¿Dudas de que Dios quiere una intimidad contigo? Préstame atención. Él ha dejado un libro de más de 700 000 palabras con las cuales quiere hablarte de sí mismo y de Sus planes. No solo eso, sino que ha dejado a Su propio Espíritu dentro de ti para tener una línea de comunicación directa y sin intermediarios.

¿Qué más evidencia del anhelo divino de una relación íntima que estar dentro de ti?

La historia del ser humano es correr en contra de Dios y la historia de Dios es ir en busca del ser humano. ¿Sabes cómo lo sé? Porque la Biblia lo cuenta en sus páginas una y otra vez. Porque mi vida cuenta esa misma historia y también lo cuenta la tuya.

Eso nos da esperanza porque, el que comenzó la buena obra, la perfeccionará hasta que estemos en Su presencia (Fil. 1:6). Él es el más interesado en no dejarnos igual, Él es el más interesado en que lo conozcamos porque nos hizo para Él.

¿Sabes? Este caminar en Su presencia no depende de ti.

Es cierto que tenemos que hacer nuestra parte, pero los resultados le corresponden a Dios.

Hagamos nuestra parte con la emoción intencional y la certeza de saber que el que responderá está tan deseoso de hacerlo que Él mismo se hizo hombre para tomar tu lugar y que tú tengas acceso libre a Su presencia. Su deseo de tenerte cerca es mucho más fuerte que el tuyo, tanto así que le costó la vida.

¿Cuánto más no querrá que lo disfrutes a Él y encuentres por fin la plenitud de tu vida?

Entonces, ¿cómo hacemos?

He escrito este libro pensando en todos aquellos que están donde yo estuve por muchos años y que no saben cómo volver. Este libro es para los que estas palabras han resonado en alguna parte de su corazón:

Para los que quieren dejar de hacer solo por hacer,
Para los que creen que necesitan tomarse un tiempo delante de Dios y evaluar dónde están con Él,
Para los que reconocen que necesitan volver a Él,

Para los que, como yo, ven su corazón congelado y saben que tienen que volver a echarle leña al fuego, pero que no saben cómo, y
Para los que quieren vivir en la presencia de Dios con plenitud de gozo.

Está escrito para conocer a Jesús a través de las páginas de la Biblia, sentándonos cada día a Sus pies, «llenando nuestro tanque» hasta que nuestro corazón arda en Su presencia. Solo entonces podremos salir a la vida a hacer lo que Él nos ha llamado a hacer y, en consecuencia, casi como si fuera natural para nosotros: reflejarlo a Él.

No soy ajena a la realidad que estamos viviendo y que conocemos muy bien en la soledad de nuestras almas.

Al inicio mencioné que el elefante en medio de la habitación era también mi historia... y lo es. Yo no he llegado aquí sin pagar un precio alto. Al dejar de escuchar la voz de Jesús me metí entre piedras y me tropecé más de lo que les recomendaría a otros hacerlo. Sufrí las consecuencias de caminar a mi manera, a pesar de haber sido llamada para una vida completamente diferente.

Dios ha tenido demasiada misericordia conmigo; por lo tanto, quiero que sepas que entiendo el lugar en donde estás y mi corazón arde porque puedas llegar a vivir esa «vida abundante» de la que Jesús habla (Juan 10:10) y de la cual muchas veces ni siquiera hemos logrado entender a qué se refiere.

Dios me sacó del lodo cenagoso y me ha llevado un día y un paso a la vez.
Así debe de ser.
Es un proceso.
No es solitario, es con Él.

Dios es tan bueno que ha prometido no dejarnos igual. El proceso a veces incluye podar lo que sobra, es decir, dolor. A veces incluye tiempos de calma y de lucidez espiritual, otras veces incluye torbellinos o valles oscuros.

De lo que puedes tener seguridad es de que Dios quiere tener una relación profunda e íntima contigo en la que puedas experimentar en carne propia lo que significa, por ejemplo, que «Dios es tu fortaleza». No, no es una frase que repetimos como cliché los cristianos. Es algo absolutamente sobrenatural y milagroso, pero que solo llegaremos a experimentar cuando lo conocemos más a Él, cuando Su carácter se nos revela y lo entendemos mejor.

Este libro es el resultado de ese camino por el que sigo transitando.

Una de las cosas que más me ha sorprendido es que los pasos que iba dando han sido propios, delante de Jesús y de Su Palabra. Cuando yo creía que había descubierto la «pólvora» en el orden, prioridades y formas de lo que a lo largo de la historia se han llamado «disciplinas espirituales», Dios me iba mostrando a través de otros hombres y mujeres de fe que mi camino no era ninguna novedad.

Descubrir esto fue aún más glorioso porque entendí que mi camino había sido guiado por el mismo Espíritu Santo, así como lo había hecho con tantos otros a través de la historia. La confirmación de Dios de mi caminar me animó no solo a compartirlo con otros, sino a ponerlo en palabras en este libro.

Mi profundo deseo es que me permitas acompañarte en el proceso de calentar tu corazón delante de Jesús hasta que este arda por Él.

Que me permitas guiarte usando el camino trazado que Dios mismo ha dejado en Su Palabra escrita y que ha sido aplicado por muchos hombres y mujeres, y que también lo ha usado en mi propia historia.

¿Qué esperar de las páginas siguientes?

Este libro no pretende ser uno más que te diga lo que deberías estar haciendo o cómo deberías estar viviendo. Por el contrario, a lo largo de estas páginas he querido desarrollar un libro que sirva de guía y acompañamiento para que nuestros corazones vivan vidas plenas al conocer íntimamente a Dios.

La razón es sencilla, se ha escrito mucho sobre lo que tenemos que hacer, pero poco de cómo hacerlo. Como te dije al inicio, necesitamos aprender el «cómo».

Ese «cómo» lo fui descubriendo en mi caminar, pero Dios me lo confirmó a través de otros hombres y mujeres de fe. Entonces, vamos a aprender de ellos y de mis propias conclusiones, pero vamos a buscar aplicarlo también a nuestras propias vidas.

A lo largo del libro descubrirás que te pediré escribir, te haré preguntas o te diré que dejes de leer y hagas algo antes de continuar. Es un libro dinámico porque no quiero que lo que viene en las siguientes páginas sea únicamente teoría, mi anhelo es que puedas aprenderlo y aplicarlo en tu vida diaria de una forma sencilla.

La primera parte será como hacer una radiografía de tu vida, de tu estado actual.

¿Cómo estás viviendo?
¿Cómo te sientes delante de Dios?
¿Cómo está tu relación con Dios?

Vamos a detenernos a descubrir cómo la cultura de nuestros días, el estilo de vida de nuestra sociedad contemporánea (y no me refiero a temas como el aborto o las ideologías de género, sino al ritmo de vida que hemos adoptado sutilmente) ha impactado y continúa impactando nuestra espiritualidad.

Vamos a ver cómo eso tiene un efecto directo en nuestra relación con Dios y entonces nos enfrentaremos a evaluar nuestra propia espiritualidad. Es posible que por momentos sea difícil, pero podemos caminar con confianza al recordar que Dios mismo está muy comprometido en no dejarnos iguales y en acercarnos cada vez más a Él. Él es el primer interesado en sacarnos de donde estamos y llevarnos a conocerlo y amarlo más profundamente.

Entonces, una vez que tengamos nuestro diagnóstico será más fácil avanzar. Si no sabemos dónde estamos, ¿cómo podemos hacer los cambios necesarios para llegar hacia donde queremos?

Vamos a buscar ejercitar nuestra mente, nuestras manos y nuestro corazón para conocer más a Jesús, con el deseo de que nuestra alma arda por Él. Transitaremos por las disciplinas espirituales más importantes, las mismas que han sostenido mi vida y que me han llevado a una profundidad espiritual que nunca antes me hubiera imaginado.

Pero también quiero que notemos cómo se ven las vidas que Dios ha transformado. Tomaremos compromisos delante del Señor y aprenderemos cómo luce una relación profunda con Dios en la intimidad, pero también en medio de nuestras vidas públicas.

El objetivo no es cargarnos con una nueva lista de responsabilidades, sino ordenar nuestra vida espiritual conforme a la Palabra de Dios.

Lo haremos un paso a la vez.

¿Para qué? Para conocer a Jesús más profundamente porque en Él está la vida, allí es donde cobran sentido Sus palabras cuando dice que Su carga es ligera y Su yugo es fácil (Mat. 11:30). Sus palabras me hacen ver que ni siquiera tenemos que esforzarnos ni «poner todo de nuestra parte» porque hacerlo se vuelve natural en nosotros, porque estar en Su presencia nos cambia, no nos deja igual.

Simplemente, al vivir cerca de Él no podemos seguir haciendo lo mismo que antes porque Su amor ha afectado cada célula de nuestro ser, a tal punto que queremos vivir para Él porque el amor con el que nos ha amado ha transformado por completo quienes somos y no encontramos otra motivación más profunda que estar con Él y ser como Él.

Antes que sigas a la próxima página y empieces con el primer capítulo, voy a dejarte tu primera tarea.

¿Recuerdas las palabras de Jesús a la iglesia de Éfeso en Apocalipsis? No se quedó solo en un llamado de atención donde les advirtió que habían perdido su primer amor, sino que siguió así:

Recuerda, por tanto, de dónde has caído y arrepiéntete, y haz las obras que hiciste al principio.

(Apoc. 2:5)

Jesús los estaba llamando a reconocer dónde estaban, a arrepentirse y a volver a hacer lo que hacían al inicio. Entonces, esta es tu primera tarea:

Separa un tiempo a solas con Dios, sin interrupciones y sin distracciones (sí, deja tu celular en un lugar muy lejano y en silencio). Ponte en la posición que te sea más cómoda y pídele ayuda a Dios para ver con claridad cómo está tu relación con Él en este momento. Dios nunca nos muestra toda nuestra oscuridad de golpe, pero sí podrás ir viendo con más claridad tu estado espiritual.

Si el Señor te muestra tus pecados, reconócelos y arrepiéntete de ellos.

¿Sabes? Muchas veces he visto mi pecado, pero no he sentido que me arrepiento genuinamente, sino solo de la boca para afuera. Quizás las palabras de Pablo te ayuden tanto como lo han hecho conmigo. Pídele a Dios que te dé la tristeza que viene de Él para producir arrepentimiento por esos pecados (2 Cor. 7:10).

Queremos volver juntos a nuestro primer amor, que nuestro corazón arda por Jesús, anhelamos disfrutar de la vida abundante que Él nos ha dado y caminar en la verdadera plenitud.

Ese es el primer paso, arrepentirnos por haber llegado hasta aquí.

Pero el segundo paso es pedirle a Dios que, en Su gran misericordia, prepare tu corazón, tu mente, tus emociones, tus pensamientos para el viaje que empezaremos juntos. No queremos hacerlo sin Él, queremos ser guiados por Él en todo tiempo y hacerlo en dependencia suya porque no se trata de una receta mágica ni de seguir fórmulas, sino que es una relación viva y sobrenatural. Se trata de un camino que únicamente podremos transitar si Dios mismo es quien nos permite hacerlo de Su mano.

Quiero animarte y decirte que al escribir estas palabras he orado por ti, por todos aquellos que también las leerán y por el proceso que están a punto de empezar.

¡El Señor va delante!

Mientras tanto, ahora que reconocimos al elefante de la habitación podemos sacarlo y prepararnos para empezar este camino.

CAPÍTULO 1

UN RITMO QUE DESCONECTA

Llevaba años leyendo y estudiando la Biblia, pero había algo que seguía dando vueltas en mi cabeza cada vez con mayor intensidad: Estoy aprendiendo mucho pero ¿por qué no siempre siento que «conecto» con Dios a través de ese estudio? La mayoría de las veces se sentía como una pared que yo misma no podía atravesar.

Se supone que hacía lo que tenía que hacer: Leer mi Biblia y orar cada mañana.

Te confieso que empecé a sentirme incompleta e inconforme con esta rutina. Percibía que había algo más pero se me escapaba de las manos.

Se volvió hasta incómodo.

Tan incómodo que ya ni deseaba mis tiempos devocionales al despertar. Me frustraba la idea de que solo fueran tareas por cumplir y que finalmente mi corazón permaneciera igual.

Dime por favor que no soy la única que se ha sentido así.

Había días en los que sentía que era una tarea superficial, pero la experiencia de diferentes personas en la Biblia y otras a lo largo de la historia me había enseñado todo lo contrario. Sabía bien que no lo era, pero entonces ¿qué me pasaba? ¿Cuál era esa pared a la que me estaba enfrentando que no me dejaba ir más y más profundo con Dios?

El proceso de entender lo que me pasaba y cómo enfrentarlo me ha tomado muchos años. He ido descubriendo una mejor manera en la que puedo tener una relación íntima con Dios y que esta sea poco a poco más y más profunda. En este capítulo quisiera contarte de uno de los pasos más significativos que tomé para atravesar ese obstáculo.

A pesar de que este no es el primer paso que se enseña cuando se habla de crecer en intimidad con Dios, me hubiera gustado saber que si no lo tengo, todo lo demás me costará el triple. Por eso quisiera empezar con este paso poco reconocido porque he visto cómo y cuánto impacta nuestra vida espiritual cuando se pasa por alto. Es un punto ciego que tiene el poder de disminuir nuestros esfuerzos y se convierte en un obstáculo muy importante en el camino hacia la intimidad con Dios.

«Detente»

Todo empezó un primero de enero.

Dios suele tener un sentido del humor particular. Pudo ser el segundo día del año, pero no. Su mensaje era bien claro: Vamos a empezar este nuevo año de otra manera, casi como una resolución de año nuevo, de esas que nunca hago (porque soy re-*grinch* para esas cosas).

A pesar de que tengo mis teorías de por qué sucedió, nunca sabré la razón física. Pero el primero de enero y sin previo aviso apareció en mi cuerpo un dolor insoportable de espalda con el que no podía lidiar más que con inyecciones por varios días seguidos y reposo en cama.

Dios estaba deteniendo mi vida físicamente.

Si eres mamá podrás entender la situación difícil en la que me encontraba en esos momentos, pero si no lo eres trataré de ser ilustrativa para que me entiendas. Enero y febrero son los meses en los que los niños están de vacaciones del colegio en mi país. Eso significa tenerlos 24/7 en casa, y quizás has visto en algún meme que el silencio de los niños en sus tiempos libres quiere decir que tu hogar corre peligro. Entonces sí, hay que estar pendientes de ellos, jugar con ellos y organizarles muchas actividades.

Pero ese mismísimo primer día del año ya no podía hacer nada de eso. Estaba adolorida, los niños de vacaciones y era como si Dios me dijera:

> **No te estoy dejando más opciones.**
> **Tienes que detenerte.**

Se lo estaba diciendo a la mujer que siempre tenía muchas cosas que hacer, muchos planes, innumerables ideas en la cabeza, incontables pendientes, que siempre tenía el celular con muchos mensajes y que constantemente estaba planificando actividades para los niños y para ella.

«Detente».

Esa palabra resonaba en mi mente y la verdad es que no tenía intenciones de detenerme. Pero Dios me estaba dejando sin alternativa.

Permíteme decirte algo. Sí, andaba a mil revoluciones. Pero si algo suma a mi defensa, tengo TDAH[1] y aunque eso explica mucho la hiperactividad en mi mente y en mi vida, no justificaba de ningún modo mi estilo de vida.

Lo cierto es que la forma en que vivía no se diferenciaba mucho del mundo sin TDAH. Es como si la realidad aceptada y promovida de nuestros tiempos fuese vivir acelerados, como si siempre estuviéramos tarde para lo que se supone que tenemos que hacer.

---

1. TDAH es la sigla que identifica el Trastorno de déficit de atención e hiperactividad.

¿No te pasa a ti también?

Nos incomoda el auto que va lento delante de nosotros, elegimos la fila para pagar que tiene menos personas en el supermercado, hacemos varias tareas a la vez. Manejamos y vamos hablando por teléfono «para ir ganando tiempo». Enviamos un mensaje o un *email* y tenemos la expectativa de recibir una respuesta ese mismo día. Terminamos un capítulo de una serie o un pódcast en nuestra plataforma de *streaming* favorita e inmediatamente empezamos el siguiente.

Es como si siempre estuviéramos apurados por llegar... a alguna parte.
Estamos apurados y vivimos impacientes.
Este es nuestro estado actual.

No hemos terminado de hacer lo que estamos haciendo, pero ya estamos pensando en lo siguiente. Alguien nos está hablando y al mismo tiempo estamos pensando en el pendiente que no hemos resuelto. También estamos haciendo dos o tres tareas a la vez para ganar el tiempo que pareciera que no tenemos.

Cada vez y con más frecuencia estamos perdiendo la capacidad de poner nuestra atención completa en lo que hacemos, en el presente que tenemos ante nuestros ojos. Consciente o inconscientemente, estamos configurando nuestra mente cada día para estar en varios lugares a la vez.

En otras palabras, mientras que el «ahora» transcurre delante de nosotros, es como si estuviéramos viviendo en universos paralelos que corren al mismo tiempo y a toda velocidad.

Ahora, volvamos por un minuto a mi drama particular.

Empecé a ir a terapia para mejorar el dolor de mi espalda. Una de las tareas que me había dejado la doctora era que fuera consciente de mi postura para ayudar a enderezarla.

Si alguna vez te has enfrentado a un cambio de postura, sabrás que hay músculos que empiezas a sentir por «primera vez». Eso produce una sensación física de mucha incomodidad.

Aprendí en medio de ese proceso que la incomodidad es buena porque nos entrega información sobre una situación de la que no necesariamente somos conscientes.

Me sentía muy incómoda. Me cansaba estar pendiente de mi postura y de sentir los «músculos nuevos». Sin embargo, con el pasar de los días entendí que esa incomodidad me hacía estar más atenta a mi cuerpo. Por ejemplo, empecé a darme cuenta de que cuando manejaba, mis manos estaban tan tensas que parecía que quisiera hacerle daño al timón.

El dolor físico se convirtió en un altavoz que empezó a revelarme mi condición personal, no solo físicamente, sino también emocional y espiritualmente.

Entonces algo pasó: empecé a encontrarle el gusto a «detenerme».

De un momento a otro empecé a observarme, no porque yo quisiera, sino porque todas las variables se habían alineado a mi favor para que no tuviera otra opción. En medio del silencio y la imposibilidad de realizar actividades que me entretuvieran y me invitaran a ir a toda velocidad para cumplirlas,

solo quedaba yo.

Esta nueva realidad empezó a cobrar sentido.

Lo que estaba sucediendo era que estaba empezando a reconocerme y a conectar conmigo misma. Aquella tensión en mis manos manifestaba cómo estaba viviendo mi vida:

Apurada,
impaciente,
ansiosa
y cargada con más de lo que
podía sobrellevar.

Había sido necesario un freno en seco para que me «cayera la teja».
Disculpa, la teja no.
La pared entera.

Empecé a darme cuenta de que vivía con mucha información en la mente, pensaba en todo lo que quería y «tenía» que hacer, pero no hacía nada en profundidad. Tenía muchos planes, muchas ideas, muchos compromisos y muchos pendientes. Mi mente iba de aquí para allá como una pelotita de *pinball*.

Sin embargo, Dios estaba interrumpiendo mi vida con un silencio que se escuchaba a todo volumen.

«Detente».

Mi mejor amiga me aconsejó pedir ayuda porque era evidente que yo no estaba bien. Detenerme físicamente estaba sacando toda mi realidad a la superficie. De pronto sentía que el aire no llegaba hasta mis pulmones y respirar se estaba convirtiendo en un esfuerzo muy consciente. Mis días se sentían oscuros y las ganas de esforzarme para salir adelante estaban desapareciendo.

Así que lo hice. Busqué ayuda.

Hice una cita para hablar con mi terapeuta. «No sé qué me está pasando», le dije. «Desde que me lesioné la espalda y todo se frenó, de pronto ni siquiera puedo respirar bien. Me falta el aire. Me siento abrumada. Es como si toda mi mente siguiera girando con un sinfín de información, pero yo no puedo seguirle el ritmo. De hecho, ya no quiero seguirle el ritmo. Necesito hacer que todo esto que estoy sintiendo se detenga».

Me veía en ese momento como si estuviera mirando una película de mi propia vida. Podía ver cómo había estado viviendo y no me gustaba. Aunque la incertidumbre en cuanto a cómo salir de ese estado me perseguía cada día, yo solo podía agradecer porque ya estaba en el punto más bajo, el único camino que me quedaba era hacia arriba.

Tenía muy claro que no podía volver al ritmo de antes, pero en ese momento no tenía ni la más mínima idea de cómo evitaría caer en lo mismo.

«Delega todo lo que puedas y quédate solo con lo indispensable por un tiempo —me dijo mi terapeuta—. ¿Hay algo que no puedes dejar de hacer?».
«Estar con los niños», le respondí.
«Bueno, vas a tener que pedir ayuda con ellos para que puedas recuperarte de a poco e ir teniendo más claridad de lo que puedes y no puedes hacer».

Estaba claro. Se trataba de un cortocircuito mental, emocional y espiritual. Era como un reseteo personal. Dios había usado un *kaboom* interno para frenarme. Todos los mensajes iban en el mismo sentido:

«No puedes seguir así».

«Niégate la siguiente dosis de dopamina»

La sociedad en la que nos ha tocado vivir tiene varias características particulares. Creería que la principal es que estamos siendo impactados por la tecnología de una forma bastante invasiva. A tal punto que le hemos otorgado el poder de necesitarla constantemente. Ya no sabemos vivir sin ella y ya no sabemos vivir sin las distracciones que ella nos ha enseñado a mantener cerca. Eso se ha traducido al resto de nuestras vidas: No sabemos no hacer nada.

Hemos creado una estrategia para enfrentar el aburrimiento y el estrés: contrarrestarlo con placer.

Déjame lanzar un pensamiento que abordaré más adelante en este capítulo: El placer en este **mundo** es la motivación que buscamos para seguir empujando la vida hacia adelante.

¿Vivir acelerados? Es el transporte perfecto. Vivir acelerados no solo nos inyecta dopamina[2] y en consecuencia, motivación, sino que nos cablea para querer más de ella.

La psiquiatra Marian Rojas Estapé dice que cuanto más usamos una zona del cerebro, más se potencia.[3] Esto quiere decir que buscaremos más dopamina en la medida en que más acostumbremos a nuestro cerebro a necesitarla. Entonces no solo es un círculo vicioso, sino que es peligroso, porque también empezaremos a evitar todo aquello que no nos produzca dopamina.

Vivir acelerados nos impide detenernos para desarrollar el autoconocimiento y la autoevaluación tan necesarias en nuestras vidas.

Espera, déjame decirlo de nuevo:

> **Vivir acelerados es el mecanismo ideal para evitar detenernos y prestar atención a cómo estamos viviendo.**

En ese momento de mi vida, el panorama empezaba a esclarecerse mientras estaba tirada en la cama sin poder hacer mucho más que detenerme. Esa era la tarea que Dios me había entregado por esos días.

---

2. La dopamina es un neurotransmisor en el cerebro relacionado a la regulación del sistema de recompensas, la motivación, el placer y la toma de decisiones.

3. Marian Rojas Estapé, *Recupera tu mente, reconquista tu vida* (Madrid: Espasa, 2024), 43.

Se estaba sintiendo como una desintoxicación.
Era como atravesar el síndrome de abstinencia.

Estaba literalmente dejando de segregar las cantidades acostumbradas de dopamina a mi sistema nervioso y no estaba resultando nada fácil para mí. Mi falta de aire no era más que un proceso de ansiedad producido por esa carencia. Tengo que reconocer con sinceridad que no fue nada sencillo. Me llevó a lugares muy oscuros a los que nunca más quisiera volver.

Sin embargo, también estaba entendiendo con mucha claridad que Dios lo había orquestado soberanamente; de hecho, podía ver cómo Dios me estaba guiando en cada paso que daba para salir de ese lugar oscuro.

Te confieso que uno de los aspectos que más me hacen sentir segura en las manos de Dios es ver esas maneras únicas que tiene para orquestar Sus acciones providenciales durante las pruebas que prepara para mí. En esa oportunidad incluyó un libro que era parte de la investigación para escribir el libro que estás leyendo ahora. Pero, en realidad, ese libro me daría, sin saberlo en ese momento, la pauta para salir del corto circuito en el que se encontraba mi vida.

Elimina la prisa de tu vida, de John Mark Comer. Lo recomendé tanto en mis redes sociales que estoy segura de que muchos lo han leído o planean leerlo solo por mi insistencia. Cada idea que el autor planteó hizo eco no solo en la realidad que venía viviendo, sino que empecé a darme cuenta de que mi vida solo era un reflejo, en mayor o menor medida, de toda una generación.

Comer afirma que la vida no está «allá afuera» en la próxima dosis de dopamina, en la siguiente tarea o en la siguiente experiencia. Por el contrario, está aquí, ahora mismo[4] y está en ese

---

4. J. M. Comer, *Elimina la prisa de tu vida* (Colorado Springs: WaterBrook, 2019), 249.

presente que, por vivir acelerados, no estamos disfrutando ni experimentando por completo.

La Dra. Anna Lembke, quien es máxima autoridad en la medicina de las adicciones de la Universidad de Stanford, anima a sus lectores a encontrar la manera de sumergirnos de lleno en la vida que se nos ha dado.[5] Llama a dejar de huir de aquello de lo que tratamos de escapar, sea lo que sea. En cambio, nos invita a detenernos, a darnos la vuelta y enfrentarlo.

No podía quedarme detenida en cama para siempre. Debía empezar a retomar mi vida de a poco. Había entendido que vivir apurada me inyectaba dopamina y que esa dopamina me producía un placer que se convirtió en una necesidad permanente. Había entendido que ese círculo vicioso me llevaba a una búsqueda constante de placer de diferentes formas y colores. Definitivamente no quería volver a esa clase de dependencia nociva para mi vida.

Me escribí una nota:

«Niégate la siguiente dosis de dopamina».

La llevé conmigo a todas partes.

Tenía una misión.
Entrenar de nuevo a mi cerebro para que no dependiera del placer que me producía vivir apurada y a toda velocidad.

En la medida en que empecé a bajar mi ritmo, comencé a entender que el riesgo de vivir rápido no solo era buscar de diferentes formas el placer, sino que tampoco era el ritmo del corazón de Dios.

---

5. Anna Lembke, *Generación dopamina* (Madrid: Ediciones Urano, 2023), 237.

¿Lento o rápido?

Le debo mucho a Comer porque fue el amigo que me acompañó y me hizo pensar en mi vida de una manera muy diferente en medio de un tiempo tan difícil.

Una de las definiciones esclarecedoras que él hace sobre lo que significa vivir apurados es que esa realidad es la antítesis del cristianismo. En otras palabras, quiere decir que ese tipo de vida es opuesta, que no lo representa y que no es lo que se nos llama a ser en el cristianismo.

No puedo negarte que leer esas palabras hizo que me atragantara un poco.

Ya estaba entendiendo que vivir rápido no estaba siendo bueno para mí, pero ¿de allí a hacer una declaración tan tajante y directa y equipararla con el cristianismo? A primera vista me parecía que iba muy lejos.

Pero observa con más detalle lo que Comer dice:

> ¿Cuál es el valor más alto en el reino de Cristo? Fácil: el amor. Jesús lo dejó más claro que el agua. Él dijo que el gran mandamiento en toda la Torá era «amar al Señor tu Dios con todo tu corazón, con toda tu alma y con todas tus fuerzas», seguido por «amar a tu prójimo como a ti mismo». Pero el amor nos consume tanto que duele. Todos los padres sabemos esto, los matrimonios que llevan años también, y también las amistades largas.
>
> La prisa y el amor son incompatibles. Todos mis peores momentos como padre, esposo y pastor... incluso como ser humano son cuando estoy apurado.[6]

Luego añade:

6. J. M. Comer, *Elimina la prisa de tu vida*, 23.

Por esta razón en la definición de amor del apóstol Pablo la primera descripción es «paciente».[7]

Ok.

No podría explicarte con suficiente exactitud cuánto retumbaron estas palabras en cada célula de mi cuerpo. De ahí en adelante, la frase «el amor es paciente» ha cambiado por completo su significado para mí.

Déjame explicarte por qué.

Vamos a pensar en la declaración de Pablo, pero al revés para hacerla más ilustrativa:

«El amor no es impaciente».

Lamentablemente, esa era la definición de mi vida: Como siempre tenía un pendiente entre manos, siempre estaba apurada. Por eso se hizo natural para mí «no tener tiempo» para el presente.

Eso se cableó con tal fuerza en mi mente que me hizo vivir siempre atenta a la siguiente tarea.

Me sentaba a jugar con mis hijos, pero estaba pensando en lo que «de verdad debería estar haciendo» o, peor aún, resolviendo un asunto con alguien más por el chat. Colocaba una dirección en Waze para llegar a mi destino y siempre estaba pendiente de los tiempos, eligiendo la ruta más corta y la que tuviera menos tráfico. Esa actitud permanente era directamente proporcional a la manera en que manejaba.

Parecía como si ganarle esos minutos adicionales a mi día hicieran alguna diferencia en mí. Si mi agenda estaba planeada de cierta manera, me molestaba mucho que alguien interrumpiera mis actividades para solicitar mi ayuda. Ni qué decirte si

---

7. *Ibid.*, 23.

algún auto se estacionaba detrás del mío y me impedía salir del estacionamiento de inmediato. El tráfico me irritaba muchísimo y me hacía pensar en el tiempo que estaba perdiendo.

En fin, podría seguir con muchos ejemplos más, pero creo que ya entiendes mi punto.

Una de las descripciones de la RAE para la palabra «paciencia» es: «Lentitud para hacer algo».[8] Al escribir estas palabras, lo primero que viene a mi mente es una abuelita cruzando lentamente la calle con su bastón, cuando todo lo que quiero es cruzar primero.

La lentitud en nuestros días tiene una connotación negativa, de algo malo.

De ineficacia.

Sin embargo, si buscas la palabra «lento» en la versión NBLA de la Biblia, encontrarás trece versículos, de los cuales nueve se refieren al carácter de Dios y cuatro a virtudes reconocidas en la lentitud. La Biblia declara que Dios es «lento para la ira, pero abundante en misericordia» (Ex. 34:6). En otras palabras, lento para molestarse, rápido para mostrar amor.

Pero ¿cómo reaccionamos cuando somos impacientes? Estoy sonriendo mientras escribo porque sé que no podrás escaparte.

Si la Biblia nos dice que el amor es paciente, nos está diciendo que el amor es «lento». Uno no puede amar bien en el frenesí de la vida. Uno puede amar bien en la calma.

¿Te imaginas a qué velocidad va el corazón de Dios?

---

8. Diccionario de la Real Academia Española, «paciencia». https://dle.rae.es/paciencia?m=form.

Puedo amar a mis hijos con mi mente calmada y dedicada por completo a ellos. Puedo amar a mi prójimo al manejar sin competir contra el tiempo para ganar minutos (que realmente son irrelevantes en cantidad) para mi día. Puedo amar bien a la persona que se estacionó detrás mío y no me deja salir del estacionamiento de inmediato.

Puedo amar mejor cuando voy lento.
Dicho de otra forma: necesito ir lento... porque así puedo amar bien.

La quietud me permite reconocer bien las necesidades del otro y verlas tan o hasta más importantes que las mías.

Pero no solamente se trata de mi prójimo. Antes de amar a mi prójimo como a mí mismo, estoy llamada a amar a Dios con todo lo que soy. Pero ¿podré hacerlo si estoy completamente distraída con mil cosas y yendo a toda velocidad?

Si no puedo amar bien a quienes veo y con quienes me relaciono día a día,

¿cómo podría amar bien a Dios a quien ni siquiera veo?

El ritmo de Dios

Estaba claro, el ritmo de mi vida era incompatible con el ritmo de Dios. Si quiero entender mejor el ritmo al que Dios va, puedo detenerme y observar los ejemplos que Jesús nos dejó de cómo es tener un corazón calmado.

¿Recuerdas la historia de la mujer con flujo de sangre? (Luc. 8). Jesús había sido interceptado por Jairo, un oficial de la sinagoga, quien le había rogado que lo acompañara a su casa porque su hija se estaba muriendo. Mientras Jesús iba con él, una multitud lo apretujaba. Ponte en la mente de Jairo en ese momento, probablemente pensaba en caminar lo más rápido posible, antes de que su hija muriera. Sin embargo, Jesús interrumpe de la nada su caminar y dice que alguien lo había tocado.

«¿Alguien?», le preguntan sus discípulos, «pero si todos nos están apretando mientras caminamos».

Estoy parafraseando esta historia porque quiero llevarte a sentir la urgencia, la presión, la incomodidad y la alteración que deben haberse vivido en esos momentos.

Jesús se detiene, se voltea y fija Su atención en esa mujer que había tenido esa enfermedad tan incómoda y difícil por doce años. Ella era considerada inmunda y digna de rechazo en la sociedad de ese tiempo. De seguro había sufrido sin descanso por doce años y se nos dice que lo había perdido todo. Pero fíjate que Jesús, en medio de ese loquerío y la enorme presión para que se apure, no solo le presta atención, sino que se la entrega por completo.

Jesús «debería» haber estado apurado.

¿Sabes cuál es una de las lecciones que nos deja esta historia?

Dios

No

Tiene

Apuro.

Dios no se apura para hacer Su obra. Si Dios no tiene apuro, ¿por qué nosotros estamos viviendo apurados?

Una forma de violencia

Deja que se asiente en tu corazón una de las frases que Comer usó cuando describió lo que significaba vivir apurados:

[Vivir apurados] es una forma de violentar el alma.[9]

John Ortberg dijo que «vivir apurados no es sinónimo de una agenda desorganizada, sino de un corazón desordenado».[10] La Dra. Lembke está convencida de que esta vida compulsiva nos está llevando a devorarnos a nosotros mismos.[11]

Reconocer que estaba violentando mi mundo interior al ritmo en que iba mi vida fue muy duro para mí.

Detengámonos un minuto en las palabras de Comer y busquemos responder a la siguiente pregunta: ¿Cómo es que la prisa, la inmediatez y vivir acelerados es una forma de *violentar* el alma?

Hay algo que atropella el alma cuando queremos y hacemos todo «para ayer».

Piénsalo así: la urgencia tiene su lugar en la vida, pero cuando vivimos como si todo fuese urgente nos estamos cableando para acostumbrarnos a vivir en una vida bajo demasiada presión y sin descanso. Es imposible que no nos impacte caminar de esa forma.

Si ponemos sobre nosotros la presión que viene con la prisa, entonces estamos insistiendo en vivir en un estado constante de alerta. Vivir de esa manera es lo opuesto al descanso y la calma.

Caminar diariamente en ese estado frenético nos hace propensos a afianzar en nuestros corazones la impaciencia, la ansiedad y la reactividad como si fuesen la normalidad.

---

9. J. M. Comer, *Elimina la prisa de tu vida*, 47.

10. John Ortberg, *The life you have always wanted: spiritual disciplines for ordinary people* (Grand Rapids, MI: Zondervan, 2002), 79.

11. Lembke, *Generación dopamina*, 25.

¿Cómo no va a afectar nuestra alma?
¡Por supuesto que lo hace!

Entonces una serie de preguntas empezó a resonar en mi mente:

> ¿Por qué estás viviendo tan rápido?
> ¿Es que acaso quieres llegar a algún lugar?

Y la más difícil...

> ¿A qué o de quién estás huyendo?

La respuesta era corta:

De mí misma.

La verdad es que no me sentía lista para enfrentar esa respuesta.

Empecé a darme cuenta de la profunda desconexión que se había creado en mí y entendí que vivir apurada estaba siendo mi mejor cómplice para atentar en contra de mi alma al tener siempre algo que hacer (y rápido) porque no me estaba dando ningún espacio de tranquilidad para observar mi corazón con detenimiento.

Cada vez empezaba a ser más claro el diagnóstico: si no estaba conectada conmigo misma, ¿cómo podría estarlo con Dios y con los demás?

Si me ignoraba, con mucha más facilidad podía ignorar al resto. Vivir apurada, sobrepasada y a ese ritmo era un mecanismo súper efectivo y fácil para evitar a todos.

Entonces, por fin la vi.

Vi la pared gigantesca que me impedía ir más profundo con Dios.

Estaba claro.
Había llegado a la luz que está al final del túnel.

Mi corazón se estremeció.
Verlo me dolió.

Era evidente.
Estaba ignorando también a Dios cuando me ignoraba a mí y a los demás.

Vivir apurada no solo había atropellado y desordenado mi alma, sino que había creado una brecha que no me dejaba relacionarme y escuchar la voz de Dios.

Un cambio de ritmo

Al inicio te dije que mis tiempos con Dios se habían vuelto incómodos.

Ok.

No solo incómodos, sino también frustrantes. ¿Dónde está ese «más» y esa «plenitud» de la que habla el salmista, y por qué yo no los puedo encontrar cada mañana?

¿Alguna vez has escuchado que al ser humano le aterra el vacío y por eso cuando dibuja y pinta trata de llenar todos los espacios? Bueno, eso era lo que estaba experimentando. El «vacío» era el silencio y la quietud. No quería quedarme sin «hacer nada», entonces buscaba llenarlos siempre con alguna actividad. Lo peor de todo es que no era consciente de lo que hacía. Terminaba de leer mi Biblia y orar, y partía corriendo a mi siguiente tarea. Era como quedarme a medias en mi tiempo con Dios y luego salía corriendo a lo que tocara en mi lista.

Uno de mis héroes en la fe, Dietrich Bonhoeffer, lo dice con tanta claridad que uno puede verse reflejado en sus palabras:

> Tenemos tanto miedo al silencio que pasamos de una tarea a otra para no tener que pasar un momento a solas con nosotros mismos, para no tener que mirarnos en el espejo. Sabemos que esos momentos en los que tenemos que estar solos son a menudo los más incómodos e infructuosos para nosotros. Pero no solo tenemos miedo de nosotros mismos y de *autoconocernos*, tenemos mucho más miedo de Dios, de que Él nos perturbe y nos muestre quiénes somos realmente, para que nos lleve con Él a Su soledad y trate con nosotros de acuerdo con Su voluntad.[12]

Sin embargo, las Escrituras nos recuerdan que el silencio es necesario delante de Dios:

> En Dios solamente *espera* en silencio mi alma.
> (Sal. 62:1)
>
> No te des prisa en hablar,
> Ni se apresure tu corazón a proferir palabra delante de Dios.
> Porque Dios está en el cielo y tú en la tierra;
> Por tanto sean pocas tus palabras. (Ecl. 5:2)

No sabía que podía quedarme en silencio con Dios.
No sabía que podía quedarme a solas con Él.

En quietud.
En calma.
Sin apuros.

Tampoco sabía que lo necesitaba.

La relación más maravillosa de mi vida, aquella que yo reconocía como la más importante, podía ser disfrutada. En la calma. Podía disfrutarla de verdad. Ese espacio podía ser para deleitarme en el Dios cercano que quiere tenerme con Él.

---

12. Dietrich Bonhoeffer, *Meditating on the Word* (Lanham, MD: A Cowley Publications Book, 2008), 50.

Un Dios que quiere tenerme en Sus brazos y que simplemente descanse en Él.
Sin estar corriendo.
Sin estar apurada.
Tranquila.
Escuchándolo.

Mi relación con Dios era tan distinta a esa imagen. Hasta ese momento me había aterrado detenerme delante de Dios.

¿Y si no pasa nada?
¿Y si no escucho Su voz?
¿Y si no sé cómo escucharla?

Esas preguntas yacían debajo de mi temor al considerar estar quieta delante de Su presencia. Me aferraba a los métodos pragmáticos de estudio y de meditación bíblica y a oraciones en las que hablaba en «monólogo» al fiel estilo de Adal Ramones, es decir: ¡sin parar! Pero cuando todo eso se acababa, no quedaba nada.

No sabía cómo reflexionar y sopesar la Palabra leída en mi corazón, en silencio, en quietud, delante de Dios.

Pensar en un tiempo de quietud delante de Dios era muy contrario a todo lo que había construido hasta ese momento. Pero ahora podía verlo con claridad. No solo se trataba de bajar el ritmo general de mi vida, sino de reconocer que los placeres de este mundo nunca serían suficientes y me engañaban al hacerme creer que lo que necesitaba estaba en ellos.

También era necesario dejar de temerle al silencio, poner en *stand-by* mi producción de dopamina para enfrentar la aparente nada y empezar a escuchar a Dios.

Escuchar a Dios.
Cuánto lo necesitaba mi alma.
A gritos y con desesperación.

Mi ritmo solo estaba entreteniéndome, atontándome y, finalmente, destruyéndome. Creía que era inofensivo, pero mantenía mi corazón alerta para seguir buscando, de forma infructuosa, placer en este mundo. Estaba enfocada en servirme solo a mí misma. Estaba desconectada del corazón de Dios porque Su ritmo era opuesto al mío. Tenía miedo de dejarlo todo por no saber qué encontraría. Pero Dios nos ama demasiado como para dejar que sigamos haciéndonos daño.

Él me tomó en Sus brazos y me hizo descansar.
Me obligó a hacerlo porque mis temores no me hubieran dejado hacerlo por mí misma.
Me acompañó en cada respiración en la que me faltó el aire.
Me sostuvo hasta cruzar el túnel.
Abrió mis ojos.
Me enseñó que Él va lento y que ama la calma.
Aprendí que debo ir a Su ritmo para amarlo profundamente.
Supe que podía confiar en Él.
Que podía rendirlo todo en Él.

Me recordó que Él es bueno y en Su presencia es el único lugar donde mi alma encuentra su descanso. Todos los demás placeres sin Dios estaban aturdiéndome y quitándome la posibilidad de disfrutarlo a Él, el placer más grande que existe y donde mi alma verdaderamente encuentra su plenitud.

Aprender a bajar la velocidad de mi vida se ha convertido en una misión diaria. Hay días en los que lucho contra la prisa, algunos más, otros menos. Lo cierto es que «entrar en el *loop*» (como ahora me digo a mí misma) me incomoda mucho y me hace sentir inquieta. Ya no lo disfruto. De hecho, siempre ando pensando qué puedo cambiar para seguir viviendo sin prisa.

Se trata de una de las decisiones más importantes que he tomado. Le quité el vehículo a la vida en automático, la dejé sin combustible para que se detenga de una vez por todas. Cuánto alivio me trajo. Hacer eso no solo te ahorra una multitud de malas decisiones, sino que lo más importante ha sido empezar a entender el ritmo del corazón de Dios.

Uno de los beneficios más importantes de bajar la velocidad ha sido que por fin he podido verme a mí misma. Aquella imagen de la que huía, hoy la enfrento a diario pero tomada de las manos de Dios. Creo que temía hacerlo cuando vivía acelerada, porque me hubiera atropellado a mí misma con impaciencia y sin gracia. Hacerlo al ritmo de Dios me hace sentir segura, inclusive cuando Dios me confronta con mis pecados. En Su disciplina me siento profundamente amada.

Eso es un milagro.

Déjame enseñarte cómo alcanzarlo

Quiero compartirte algunas ideas que propone John Mark Comer que pueden ayudarte a entrenar tu mente para no vivir apurado. Increíblemente no encontrarás frases como «reduce la cantidad de tareas que tienes» (y hablaremos de eso en el próximo capítulo), sino que está mucho más asociado a evitar generarnos pequeñas dosis de dopamina con ejercicios sencillos.

1. Elige la fila más lenta (yo añadiría: y la que tiene más personas).
2. Camina o maneja lento.
3. Dale pase a todas las personas y autos que quieran pasar (este es un verdadero desafío para muchos latinoamericanos, lo sé).
4. Reduce incluir en tu vida todo lo que sea inmediato y, si puedes, entonces participa del proceso completo de hacer las cosas.
5. Evita ver más de un capítulo seguido de la serie que te tiene enganchado.

6. Ignora tu teléfono hasta que hayas tenido un profundo y valioso tiempo delante de tu Dios.[13]

Estas son solo algunas propuestas de ejercicios prácticos. Hacer lo contrario a estos ejercicios genera dopamina y es una forma de mantenernos en ese constante deseo de querer siempre más.

Lo que queremos es entrenar a nuestro cerebro para que no dependa de la dopamina. Estas acciones pequeñas y aparentemente inofensivas tienen un poder bastante efectivo y positivo en nuestra mente porque nos preparan para sentirnos más cómodos en la quietud delante de Dios.

Decidí empezar este libro con el ritmo de nuestra vida porque no importa cuán llena esté tu mente del conocimiento de Dios... si es que no desarrollas la capacidad de permanecer en quietud, silencio y calma sin estar deseando intensamente algo que te proporcione dopamina, te será muy difícil escuchar la voz de Dios y te acercarás a Su corazón con un ritmo que te alejará de Él en lugar de acercarte a Él.

¿No es eso lo que más queremos?

Aquí estamos tú y yo. Puedo imaginarme que tienes mucho en que pensar luego de haber leído este capítulo. Ahora solo quisiera ayudarte en esa conversación contigo mismo. Quisiera animarte a que no la hagas solo. Dios es el más interesado en acompañarte a mirar tu propio corazón, pero quiere que lo hagas de Su mano.

La idea de este espacio es poner esos pensamientos en papel y tomar unas cuántas decisiones importantes.

¿Estás listo?

---

13. J. M. Comer, *Elimina la prisa de tu vida*, 223-236.

Mientras lees este libro quisiera animarte a que acompañes la lectura con un cuaderno de apuntes. Te animo a que tomes nota de todos los pensamientos e ideas que empiezan a despertar en tu corazón. No lo dejes para después, lee y conversa contigo y con Dios por escrito. Escribir tus pensamientos y conclusiones será muy valioso en el camino que estamos emprendiendo.

A continuación, te haré algunas preguntas. Unas son para desarrollarlas en tu cuaderno de notas y otras puedes responderlas aquí mismo.

Para el cuaderno: ¿A qué ritmo has estado viviendo?

Te haré varias preguntas cortas y quiero pedirte que colorees los recuadros en esta gráfica de menos a más dependiendo de tu respuesta:

¿Qué tan tenso sientes tu cuerpo?

Soy la persona más relajada del mundo | | | | | | Estoy grave

¿Qué tan apurado crees que vives?

Soy la paz personificada | | | | | | Que alguien me detenga

¿Qué tan fácilmente te irritas?

De mis poros sale puro amor | | | | | | Ni yo me soporto

¿Qué tan fácil se te hace quedarte en silencio delante de Dios?

El silencio y yo somos uno | | | | | | ¿Silencio? ¿Yo? ¿Música de fondo tampoco?

¿Qué tan rápido tienes tus tiempos con el Señor?

Nadie me apura ☐☐☐☐☐ Es que tengo demasiado que hacer.

Entre tú y Dios, ¿qué tan faltos de emoción se sienten los tiempos con Dios?

Mi Dios amado es mi deleite ☐☐☐☐☐ ¿Sinceramente? Es una rutina

Piensa en una lista corta de pequeñas acciones a las que puedes comprometerte para volver a entrenar tu mente a no buscar la complacencia constantemente, es decir, acciones pequeñas a las que vas a negarte la producción de dopamina, como las que Comer nos dio de ejemplo:

1. ______________________________
2. ______________________________
3. ______________________________
4. ______________________________
5. ______________________________

Ordenando nuestro tiempo con Dios

Al final de cada capítulo te dejaré una tarea con el propósito de ir ordenando nuestros tiempos con Dios. Esta tarea no es para que la hagas solo una vez, sino que es para que empieces a introducirla como parte de tu rutina con el Señor.

Quiero animarte a escribirle a Dios, pon delante de Él la lista de compromisos que has establecido con el objetivo de desacelerar tu vida. Responde a estas preguntas en Su presencia: ¿qué has entendido del ritmo de Su corazón? ¿Cómo te has sentido? ¿Qué ha evidenciado de ti mismo? ¿Hay otros cambios que debas hacer? Pídele que te los muestre.

Estamos preparando el terreno para recuperar nuestro amor por Dios. En la medida en la que estemos trepados al vehículo de la velocidad, no podremos detenernos e ir al ritmo de Dios.

Toma las decisiones que sean necesarias.
Vamos a dejarlo hasta aquí por ahora.

CAPÍTULO 2

OCUPADOS EN LA SUPERFICIALIDAD

Estoy casi segura de que tenía unos catorce o quince años cuando mi profesora de literatura nos introdujo al concepto de la frase en latín *carpe diem*. No recuerdo el tema que estábamos tocando en clase, solo tengo guardado en la memoria que me pareció fascinante lo que planteaba esta idea:

> Vive tu día al máximo, como si no hubiera mañana.

El impacto fue tal que junto a una de mis amigas creamos un símbolo que la representara y nos animara a vivir aprovechando todo lo que nuestro día tenía para ofrecernos. El modo *carpe diem* estaba presente en todo lo que hacíamos y planeábamos.

Han pasado un poco más de veinte años de aquella clase de Literatura y si volteo a ver cómo he caminado en mi vida no tendría cómo negar que «sacarle el jugo» y aprovechar cada oportunidad que el día me ofrece ha sido una característica muy presente en mí.

Pero no solo la he visto en mí. Hay una frase conocida que dice que las ideas tienen consecuencias y no es difícil darse cuenta cómo el concepto de *carpe diem* produjo respuestas prácticas que siguen estando vigentes para nosotros hasta el día de hoy. Vivimos en una sociedad que nos impulsa a sacarle el máximo provecho a nuestra realidad y para nuestro propio beneficio.

Pero espera un minuto.

¿Es realmente esta la forma como deberíamos estar viviendo?

Si me detengo a observar cómo camina la sociedad de hoy, sin duda nos andamos cobrando hasta el último segundo disponible de las 24 horas e inclusive (en muchos casos) nos queda corto para todo lo que tenemos planeado hacer y alcanzar.

¿O no?

Nuestra primera motivación es hacer todo lo necesario para alcanzar nuestras propias metas. Sin embargo, es fácil notar cómo en esa búsqueda quedamos atrapados en círculos viciosos que cada vez demandan más y más de nosotros.

Seguro has escuchado una de las frases más cliché de nuestros tiempos, el famoso «estoy a *full*». Debo reconocer que estar al tope con tareas, pendientes y responsabilidades me hacía sentir útil y productiva. Tengo la certeza de que es un mal, especialmente en nuestra región sudamericana. Se tiende a elogiar al trabajador que se queda pasada la hora de salida, el que sigue trabajando desde la cama y el que responde correos el día sábado (por la noche).

¡Wow! Él sí que está comprometido con lo que hace.

Si queremos verlo en nuestro mundo cristiano y vamos a las iglesias, hemos llevado ese estilo de vida, que aparentemente le saca el provecho máximo al tiempo, realizando un sinfín de actividades; basta con abrir el calendario del mes de la iglesia o ver en cuántos eventos ministeriales estamos comprometidos. Mientras más involucrados estamos en las actividades de la iglesia, solemos suponer que es un indicador positivo que nos dice que la vida espiritual del hermano está creciendo y está bien.

Pero ¿de verdad lo está?

La realidad de nuestros días

Estos tiempos y sus énfasis son un desafío muy grande para los cristianos, no solo porque estamos siendo duramente atacados con ideologías y tendencias absolutamente opuestas a la Palabra de Dios, sino porque nos estamos haciendo mentalmente muy débiles como sociedad. Por eso es fácil detectar que es una gran estrategia de Satanás mantenernos distraídos, llenos de tareas y de responsabilidades.

Sería bueno que eso fuera todo.

A nuestro cargado ritmo de vida podemos añadirle también la enorme carga del entretenimiento. Sé que no necesito ir lejos para sostener mi punto. El último informe[1] de Data Reportal, quienes analizan año tras año el comportamiento digital de la población mundial y que fue publicado en enero de 2024 ha revelado que el uso promedio del internet por persona en el mundo es de 6 horas con 40 minutos al día. Sin embargo los números son más alarmantes para nuestro lado del continente, donde se evaluó a países como Brasil, Argentina, Chile y Colombia y se evidenció que el consumo diario supera las 8 horas al día.

Esta es una radiografía de nuestra realidad.
Y es aterradora.

Hace unos meses viajé con mi esposo a Washington D.C. y uno de los lugares que visitamos fue el Museo de Historia Americana. Al salir del museo había un letrero gigantesco que decía:

«Bienvenidos a la nación del entretenimiento».

Leer esa frase fue para mí como recibir un golpe en el estómago.

---

1. *Global Overview Report*, diapositiva 59, https://datareportal.com/reports/digital-2024-global-overview-report.

Miles de personas caminan delante de ese letrero diariamente y, sin duda, consideran que es un atributo del país del cual jactarse. Pero la realidad es que estamos siendo entretenidos sin tregua. Nuestros celulares, las plataformas de *streaming*, nuestra larga lista de pendientes, nuestros trabajos u ocupaciones, nuestros vicios y demás nos están manteniendo entretenidos sin que lo cuestionemos. Estos tiempos están configurados para mantenernos desconectados de nuestra vida y de nosotros mismos.

Neil Postman fue todo un profeta cuando escribió su libro *Divertirse hasta morir* en 1980. Él dijo que «los estadounidenses ya no se hablan, se entretienen. No intercambian ideas, intercambian imágenes. No discuten sobre propuestas; discuten sobre la buena apariencia, las celebridades y los anuncios».[2]

No soy estadounidense, pero de seguro estarás de acuerdo conmigo en que esas líneas describen a nuestra sociedad por completo.

Lo primero que se me vino a la mente como ejemplo es el intercambio de memes.

Admito que me dio muchísima vergüenza leer esas palabras. Reconozco que identifica por completo a mi generación y también a varias de mis propias interacciones sociales.

Brett McCracken en su libro *La pirámide de la sabiduría* afirma que «nuestros cerebros sobrestimulados se están volviendo más débiles, menos críticos y más crédulos en un momento de la historia en el que necesitamos que estén más agudos que nunca».[3]

---

2. Neil Postman, *Divertirse hasta morir: El discurso público en la era del show business* (Barcelona, España: Ediciones de la Tempestad, 2012).

3. Brett McCracken, *La pirámide de la sabiduría* (Miami Gardens, FL: Patmos, 2021), 42.

Entonces, no solo estamos viviendo apurados, llenos de tareas y entretenidos sin fin, sino que, además, estamos perdiendo la habilidad de pensar con profundidad porque nuestra mente ha adquirido la capacidad, no necesariamente positiva, de saltar de un pensamiento a otro, sin reflexión ni profundidad.

Nos estamos (y nos están) entrenando para estar siempre desconcentrados de lo importante y concentrados en lo trivial. Debo reconocer que, en cierta forma, esto a veces se siente como *1984* de Orwell.[4]

Es como si nos quisieran mantener así, y nosotros no oponemos la más mínima resistencia y no hacemos nada para cambiarlo.

Esa actitud es sumamente preocupante porque a este punto solo estamos capacitados para hacer *scrolling* mental y hemos perdido la habilidad para pensar y hacerlo con profundidad.

Hemos perdido la capacidad de hacer algún tipo de introspección reflexiva porque hemos desarrollado la necesidad de mantenernos entretenidos en medio de esta vorágine imparable de actividades y entretenimiento.

> Ocupados.
> Entretenidos.
> Piénsalo.

Si es necesario, cierra un momento este libro.
Piensa.
Estamos ocupados, distraídos y entretenidos.
Quizá no nos había «caído la teja» y recién ahora nos damos cuenta.

4. *1984* es una novela escrita por George Orwell en la que hace una advertencia sobre las consecuencias de vivir bajo un gobierno totalitario, donde los ciudadanos son siempre observados y las variables de sus vidas están completamente controladas.

¿De qué manera todo eso está afectando tu mundo interior? Si todo el día estamos entretenidos, distraídos y ocupados (en todas las variaciones de esos tres elementos), ¿cuándo nos estamos deteniendo a pensar con calma? Cuando digo pensar bien ni siquiera estoy refiriéndome a pensar conforme a la Palabra de Dios, sino me refiero a hacer uso de nuestra mente como corresponde, evaluando, reflexionando y pensando en profundidad, haciendo uso de nuestras capacidades intelectuales.

Dios nos dio una mente para que, en primer lugar, lo amemos.

Ok.
Si vivimos distraídos, entretenidos y ocupados, ¿en qué minuto amamos a Dios con lo que pensamos?
Seamos sinceros.

Pagando el precio

Si hubiéramos sido creados para vivir así deberíamos de estar observando una sociedad saludable. Sin embargo, en el último informe de Gallup[5] (quienes estudiaron el nivel emocional de 142 países) se reveló que la tristeza se ha mantenido en su nivel más alto histórico desde 2021 (y eso que la pandemia acabó hace un buen rato).

¿Te sorprenden esos resultados?
¿Has notado cómo los desórdenes de salud mental están en aumento?

Es simplemente imposible pensar que fuimos creados para vivir en este ritmo alocado de vida. No estamos aprovechando el día al máximo. ¡No! Hemos dado varios pasos más allá y ahora estamos sobreviviendo el día al máximo, empeñando

5. Gallup global emotions 2023, Gallup Analytics, https://www.gallup.com/analytics/349280/gallup-global-emotions-report.aspx, pág. 8.

nuestra salud física, emocional y la que más ignoramos: la espiritual.

Quiero que prestes atención a la siguiente encuesta que, aunque se llevó a cabo hace unos cuantos años, creo que los resultados solo pueden haber empeorado. En el 2007 se encuestó[6] a 20 000 cristianos alrededor del mundo. Seis de cada diez cristianos afirmaron que siempre o casi siempre «vivir ocupados» afectaba la profundidad de su relación con Dios. El Dr. Michael Zigarelli, quien dirigió el estudio, dijo lo siguiente:

> 1) Los cristianos se están asimilando a la cultura de estar siempre ocupados, apurados y sobrecargados, lo que los lleva a 2) que Dios se vuelva cada vez más apartado en sus vidas, lo que los lleva a 3) una relación con Dios que cada vez se deteriora más, lo que lleva a 4) ser más vulnerables para adoptar creencias seculares sobre cómo vivir, lo que los lleva a 5) sentirse más cómodos con la cultura de vivir ocupados, apurados y sobrecargados. Luego el ciclo empieza de nuevo.

Esto es tremendamente dramático.

Además evidenció que el 54 % de los pastores pasa de una tarea a otra y el 65 % de ellos está viendo que se está afectando el crecimiento de su relación con Dios.

Piensa.
Deja que esto pese en tu corazón.

Quienes deben guiarnos y acompañarnos espiritualmente están, en su mayoría, abrumados y llenos de responsabilidades. Todo esto también está afectando su conocimiento profundo de Dios y en consecuencia su relación con Él. ¿Cómo

---

6. Michael Zigarelli, «Distracted from God: A Five-Year, Worldwide Study», *Christianity 9 to 5*, https://christianity9to5.com/wp-content/uploads/2024/01/distracted-from-god.pdf

deberíamos interpretar esta información con respecto a las consecuencias para el resto de la congregación?

Asusta abrir esa puerta, ¿verdad?

¿Qué tan productivo tengo que ser?

Es cierto que la vida no es fácil. Sí, no niego que tenemos responsabilidades ineludibles que cumplir. Inclusive, a algunos de nosotros nos ha tocado hacer más de lo que debiéramos, pero no porque queremos, sino por necesidad. Sí, también es cierto que eso afecta fuertemente nuestra vida.

Sin embargo, aunque hay muchas temporadas más demandantes que otras, es necesario que nos preguntemos si estamos haciendo lo que nos toca o simplemente estamos haciendo de más.

Pregúntate.

Necesitamos aprender a reconocer que solo podemos hacer lo que tenemos capacidad de hacer de acuerdo con lo que Dios tiene para nosotros. La Biblia nos dice con suficiente claridad que Dios ha preparado de antemano las obras que Él quiere que hagamos (Ef. 2:10). Los hijos de Dios deberíamos tener esas palabras como un constante recordatorio que nos lleve a preguntarle a Dios si lo que estamos haciendo son las obras que Él había preparado para nosotros o estamos decidiendo nosotros mismos qué hacer.

Hay obras que son buenas, pero no son las que Dios tiene para ti.
¿Habías pensado en eso alguna vez?

Ana Ávila dice en su libro *Aprovecha bien el tiempo* que entender la verdad de que tenemos el tiempo para hacer lo que deberíamos estar haciendo nos libera.[7] En otras palabras, Dios nos ha dado tiempo para hacer aquello que Él ha planeado para que hagamos. Entonces, es posible pensar que si realmente estamos viviendo «sin tiempo» es porque estamos haciendo más de lo que hemos sido llamados a hacer.

Puede que sean buenas obras, pero ¿son las que Dios preparó para ti?

¿Quién de nosotros en su sano juicio quisiera hacer algo que Dios no tiene para uno? Pero difícilmente lo vemos desde esa perspectiva. Sin embargo, cuestionarnos es útil y también es confrontador, debemos y tenemos que hacerlo. Necesitamos vivir la vida que Dios ha preparado para nosotros, no la que nosotros decidimos vivir a nuestras anchas.

No siempre vas a poder reducir todas las tareas que quisieras. Pero sí puedes hacer lo que está en tus manos para bajar revoluciones y no distraer tu mente con aquello que te entrena para mantenerte desconectado.

Los resultados de Data Reportal, Gallup y Zigarelli no nos dejan mirar al costado y fingir que esto no tiene que ver con nosotros. El ritmo de vida que estamos adoptando nos está desgastando velozmente.

¿De dónde aprendimos que había que hacer mucho para ser útiles?
¿Fue el concepto del *carpe diem* que moldeó nuestra sociedad?
¿Es que acaso Dios nos creó para vivir así?

> ... ser productivo no es hacer muchas cosas en poco tiempo. Ser productivo no es trabajar cada minuto del día. Ser productivo es buscar honrar a Dios con lo que tienes, esforzándote cuando tienes que esforzarte y descansando cuando es tiempo de descansar.[8]

---

7. Ana Ávila, *Aprovecha bien el tiempo* (Nashville, TN: Grupo Nelson, 2020), 26.
8. Ana Ávila, *Aprovecha bien el tiempo*, 65.

«Descansar cuando es tiempo de descansar».

Muchos de nosotros deberíamos poner esa frase como fondo de pantalla en el celular. Además es una declaración consciente de nuestras limitaciones y de la omnipotencia de Dios que no hemos sido llamados a ejercitar.

Olvidamos a diario que Dios realmente no nos necesita para llevar a cabo Su obra, pero nos usa porque se complace en hacerlo. No decidió hacerlo por necesidad, sino solo por el designio de Su voluntad. Eso debería darnos descanso y hacernos reflexionar en cómo estamos viviendo y por qué tenemos la ilusión de que haciendo mucho controlamos nuestro mundo externo.

Hemos tomado un rumbo que no tiene buen final.
Nos hemos creído la mentira que nos vende este mundo:

Mientras más ocupado estás,
más productivo eres y
más exitoso serás.

Entonces no es un simple problema el que los cristianos estemos ocupados, acelerados y sobrecargados, sino que, en palabras de John Mark Comer, nos estamos distrayendo tanto hasta caer en la inconsciencia espiritual.[9] John Ortberg lo dice más directamente:

> Para muchos de nosotros el gran peligro no es que renunciemos a nuestra fe. Es que vamos a estar tan distraídos, apurados y preocupados que nos estamos conformando con una versión mediocre de ella. Vamos a vivir superficialmente en lugar de realmente vivir nuestra vida.[10]

---

9. J. M. Comer, *Elimina la prisa de tu vida*, 27.

10. John Ortberg, *The Life You've Always Wanted: Spiritual Disciplines for Ordinary People* (Grand Rapids, MI: Zondervan, 2002), 38-39.

¿Te das cuenta de que si vives sobrecargado terminarás viviendo en automático?

No solo lo traducimos a nuestra vida en relación con nosotros mismos, en nuestra relación con los demás, sino, aún más grave: estamos viviendo en automático con Dios.

Frenamos o Dios nos va a frenar

Desde que Dios me frenó en seco, valoro mucho esos frenos, tanto para mi propia vida como para la de los demás. Inclusive cuando una persona que amo ha sido detenida por Dios, busco el momento para recordarle que ese tiempo no ha escapado de la soberanía de Dios, sino que, por el contrario, es una muestra de Su amor y Su cuidado. Aunque muchísimas veces ese alto puede venir envuelto en dolor, es absolutamente bueno y necesario para nosotros.

Los frenos de Dios son regalos para nuestra vida interior y, en consecuencia, para nuestra vida física. Son pura misericordia, son un recordatorio amoroso para detenernos y observar qué tan rápido y qué tan cargado estoy viviendo. Es un espacio que nos invita a la reflexión.

Es la oportunidad de ir delante de Dios y preguntarle:

¿Qué debo dejar de hacer?
¿Qué puedo cambiar?
¿Dónde puedo pedir ayuda?
¿A qué me estoy aferrando que me está comiendo vivo?
¿Qué preparaste tú para mí que yo no estoy haciendo?

Dios nos ama demasiado como para dejarnos igual y ha prometido por Su fidelidad que la buena obra que comenzó la perfeccionará hasta el día de Cristo (Fil. 1:6). ¿Te das cuenta de eso? Dios no nos va a dejar ir a toda velocidad, no nos va a dejar exprimir el día mientras que nos exprimimos también a nosotros mismos en el proceso.

Dios no quiere robots que simplemente andan en automático, logrando hazañas o viviendo desgastadísimos, por más buenas obras que estén haciendo. ¿Son esas las que Él quiere para nosotros? Dios quiere hijos que lo anhelen a Él en cada despertar, que reconozcan que este mundo carece de todo sentido sin Él.

> Pero para estar en ese punto necesitamos aire.
> Necesitamos dejar de correr.
> Necesitamos no hacer veinte tareas a la vez.
> Necesitamos aprender a estar presentes.

¿Marta o María?

Hay una historia en los Evangelios que ejemplifica este aspecto de nuestra vida con muchísima claridad. Déjame decirte que es una de mis historias favoritas porque las palabras de Jesús son un recordatorio constante del lugar donde debo esforzarme por estar cada día:

> Mientras iban ellos de camino, Jesús entró en cierta aldea; y una mujer llamada Marta lo recibió en su casa. Ella tenía una hermana que se llamaba María, que sentada a los pies del Señor, escuchaba Su palabra. Pero Marta se preocupaba con todos los preparativos. Y acercándose *a Él*, le dijo: «Señor, ¿no te importa que mi hermana me deje servir sola? Dile, pues, que me ayude».
>
> El Señor le respondió: «Marta, Marta, tú estás preocupada y molesta por tantas cosas; pero una sola cosa es necesaria, y María ha escogido la parte buena, la cual no le será quitada». (Luc. 10:38-42)

Los Evangelios nos cuentan que Marta, María y Lázaro eran hermanos y muy amigos de Jesús. Quizás por eso Marta se siente con tanta confianza para decirle a Jesús algo como: «Señor, mira qué fresca mi hermana, yo tengo que hacer todo sola y ella bien sentadota sin ayudarme. Ayúdame, dile que me apoye y haga algo».

R. C. Sproul dijo que la repetición de un nombre como lo hizo Jesús cuando dijo «Marta, Marta» era la reafirmación de una relación personal e íntima para la cultura hebrea.[11] Es como si Jesús viviera en nuestros días y le dijera con cariño: «Martita».

Jesús las conocía, era cercano a ellas y ellas a Él. Ambas conocían a Jesús y cada una escogió una forma diferente de estar alrededor de Él.

Marta eligió hacer cosas, servir a los demás, recibir a las personas que llegaban (fíjate quién abre la puerta cuando llega Jesús). Me la imagino estresada haciendo bocaditos para atender a los invitados, sirviéndoles las bebidas, limpiando y ordenando para que todos estén cómodos. Mientras tanto, su hermana está sentada en el piso escuchando a Jesús. Marta se llena de frustración al ver que a su hermana no le importa que ella esté haciendo todo sola.

Déjame repetir esto: ambas conocían a Jesús.
Cada una eligió estar alrededor de Él de forma diferente.

Entonces Jesús le responde: «estás preocupada y molesta por tantas cosas» (Luc. 10:41). En la mente de Marta no solo estaban los sanguchitos y las bebidas, sino que posiblemente había otras cosas que ocupaban su mente que no la dejaban aquietarse, sentarse tranquila y disfrutar de su invitado.

---

11. *«El deber de buscar la seguridad de salvación», Renovando tu mente con R. C. Sproul*, Ministerios Ligonier, 26 de noviembre de 2023, https://www.youtube.com/watch?v=ALWuJgRB33Y.

Es como si Jesús le hubiera dicho: «Martita, hay mucho que te tiene estresada, pero ese no es el camino».
¿Cuántos de nosotros nos identificamos con Marta?

Marta | | | | | | María

Estresados, fijándonos en la paja que está en el ojo ajeno, haciendo mucho hasta desfallecer, sin saber en qué momento debemos parar. Entonces creemos ingenuamente que organizar más actividades es la respuesta.

Y entonces, sí,
dejamos pasar los momentos que podríamos usar para detenernos y escuchar a Jesús.

Marta es el ejemplo que representa a nuestra generación. Marta estaba haciendo, pero estaba haciendo y sirviendo molesta, estresada, ansiosa, criticando, juzgando...

Me entiendes, ¿verdad?

Déjame hacer una acotación en este momento. No solo me estoy refiriendo al «hacer» en la iglesia; me estoy refiriendo sobre todo a nuestra vida íntima, al lugar donde Jesús había entrado: a la casa de Marta y María. Estoy hablando de cómo vivimos, de cómo estamos caminando cada día desde lo profundo del corazón.

¿Nos parecemos mucho a Marta? ¿Preocupados y molestos por tantas cosas?

¿Sabes? Creo fielmente que ese activismo y ese frenesí imparable de actividades son una de las peores epidemias del cristianismo de nuestros tiempos:

Conocemos superficialmente a Jesús porque andamos haciendo cosas «para» Él en lugar de sentarnos a escuchar Su voz y conocerlo bien. Pero presta atención a lo que Jesús le sigue diciendo a Marta:

Pero una sola cosa es necesaria, y María ha escogido la parte buena, la cual no le será quitada.

Cuando Jesús estaba hablando, lo que realmente era necesario era escucharlo a Él. Mientras que me imagino a Marta como un torbellino, yendo y viniendo, me encanta la imagen de María que viene a mi mente en ese momento: sentada, quieta y prestando atención. Esa postura de estar a los pies de Jesús me habla de humildad y sumisión, pero, a la vez, me habla de alguien que tiene ganas de dirigir sus esfuerzos y su atención para estar cerca y atenta.

Eso necesariamente implica dejar de hacer otras cosas, implica decir «no», implica enfrentarse al malestar de su hermana por elegir hacer algo más, implica esforzarse por fijar su atención en un solo lugar. María no estaba echada viendo pasar un rebaño por la ventana de su hogar (léase ver Netflix o hacer *scrolling* en el celular en nuestros tiempos), María había aislado todo su mundo para prestar atención a Jesús.

María estaba contemplando al que hablaba palabras de vida eterna. Había entendido que delante de Jesús todo lo que tenemos que hacer es detenernos para escucharlo a Él. Eso es todo lo que necesitamos, todo lo demás pasa y será olvidado. Pero Su Palabra es viva, eterna, poderosa, pertinente, y es la única que sacia toda nuestra sed y alimenta por completo nuestra alma.

Es la Palabra que aquieta nuestro corazón.

¿Lo ves?

No me vayas a malinterpretar. Sí, hay momento para todo lo demás: hay momentos para hacer. Pero ese hacer tiene que nacer de un corazón que ha sido alimentado, que ha disfrutado de Su presencia, que se ha derramado a Sus pies, que ha escuchado Su voz y que, por lo tanto, sabe lo que tiene o no tiene que hacer. Un corazón que encuentra su motivación no en el hacer, sino en seguir conociéndolo a Él. El hacer es simplemente una respuesta al vivir con Él y para Él porque,

> has oído Su voz, lo has conocido y
> has entendido lo que quiere que hagas
> y entiendes cómo quiere que lo hagas.

No estamos viendo vidas realmente transformadas porque hemos dejado de escuchar Su voz con atención y disposición. Nos hemos entregado al ajetreo de la vida, a la vorágine de este mundo con su millón de voces, que pareciera ir más rápido que antes. Tenemos más en nuestro plato, vivimos cansados, estresados, malhumorados, acelerados. Es como un círculo vicioso del que no sabemos cómo salir.

> Pero Jesús nos dice:
> Siéntate a mis pies.
> Detente.
> Escucha mi Palabra.
> Eso es lo único necesario.
> Esa es la parte buena.
> Esa es la parte que no te será quitada.

Nuestro **hacer** necesita nacer de **contemplarlo** a Él.
Nuestro **hacer** necesita nacer de **conocerlo** a Él.
Solo ahí nuestro **hacer** será **motivado** por Él.

Pero lo estamos haciendo completamente al revés. Estamos haciendo todo en nuestras fuerzas, estamos haciendo todo según nuestro criterio, lo estamos haciendo sin alimentarnos y por eso andamos famélicos espiritualmente. Por eso estamos como estamos.

Eso tiene que cambiar.

No solo porque nos estamos haciendo daño y les estamos haciendo daño a los demás, sino porque la forma en que vivimos no es la clase de vida que Jesús mismo compró en la cruz a nuestro favor con Su sangre. Tenemos el mayor tesoro delante de nosotros y andamos como un torbellino sin parar y sin «tiempo» para descubrirlo y disfrutarlo.

La quietud: una ambición de vida.

Puede que el concepto de *carpe diem* haya tenido una influencia en el desarrollo de la humanidad como hoy la conocemos o no. Ese no es el punto, sino reconocer que finalmente sí hemos llegado a ese lugar de hiperactividad, estrujando nuestros días para alcanzar logros a los que, con mucha probabilidad, estamos aferrados como si ellos fueran a llenarnos.

Mientras que el Único que realmente nos llena nos quiere a Su lado, en silencio, con el corazón quieto y escuchándolo con atención.

¿Puedes notar el gran contraste al que nos enfrentamos diariamente?

El gran riesgo de entretenernos y dejar que nos entretengan es que estamos desarrollando la habilidad de evitar todo aquello que no nos genera dopamina rápidamente, porque se ha vuelto erróneamente un sinónimo de aburrimiento.

Dios no tiene por qué ser una dopamina inmediata, sino el que sacia nuestra alma y lo hace en la calma, sin prisa, cuando nuestro corazón está conectado con el suyo y solo tiene oídos para escucharlo. Pero nos va a costar un mundo llegar ahí si estamos acostumbrándonos diariamente al ajetreo, al entretenimiento, a la dopamina y lo peor es que no tenemos idea de cómo detenernos.

San Juan de la Cruz escribió un libro llamado *La noche oscura del alma,* y allí habla de lo que te he descrito como «los frenos de Dios». Sobre ellos dice que es ahí donde:

> ves tus apetitos en medio de la oscuridad, tus inclinaciones secas y limitadas, tus facultades incapacitadas por cualquier ejercicio interior, no te aflijas, piensa sobre esto como gracia, puesto que Dios te está librando de ti mismo y está quitando de ti tu propia actividad.[12]

En otras palabras, el freno nos ubica en tiempo y espacio para reordenar bien los amores de nuestra alma, para purificar nuestra mente y reconocer quién está delante de nosotros.

Cuando pienso en los frenos que Dios ha puesto en mi vida no puedo evitar irme a los salmos y escuchar la voz de Dios cuando dice:

Estén quietos, y sepan que Yo soy Dios. (Sal. 46:10a)

> Necesitamos ser frenados para ser aquietados.
> Necesitamos ser frenados para reconocer nuestras limitaciones.
> Necesitamos ser frenados para reconocer nuestros pecados.

Pero ¿qué pasaría si hacemos del freno una práctica habitual de nuestra vida? Vivir así no nos asegura que Dios evite usar esos tiempos oscuros y esos valles de sombra en nosotros de forma regular. Lo que sí nos asegura es que empezaremos a observar con mucho más detenimiento dónde y cómo estamos.

En otras palabras, frenarnos, bajar el ritmo, disminuir actividades, quizás hasta delegar algunas responsabilidades y enfocarnos en practicar la quietud y el silencio debería ser un esfuerzo intencional diario y un hábito que, como hijos de Dios, debemos desarrollar con convicción.

---

12. San Juan de la Cruz, *The Collected Works of St. John of the Cross*, trad. Kieran Kavanaugh y Otilio Rodríguez (Garden City, NY: Doubleday, 1964), 365.

De hecho, grandes hombres de Dios han hablado y escrito con respecto al silencio y a la soledad con Él. Ojo, ¿viste lo que dije? «La soledad con Dios». No me refiero a aislarnos de todo el mundo y mirar el techo, ignorar las llamadas y mensajes de la familia y amigos y guardar silencio en casa. Me refiero a implementar la práctica de apartar momentos necesarios delante de Dios para escucharlo con claridad y ver nuestro corazón en mejor dimensión.

Esta práctica es más bíblica de lo que te imaginas. Jesús la ejemplificó una y otra vez a lo largo de Su vida terrenal y quedó registrada claramente en los Evangelios. Déjame mencionarte algunos hechos que encontramos en la Biblia:

Jesús inauguró Su ministerio después de pasar cuarenta días en el desierto (Mat. 4:1-11). Muchos hemos creído que ese tiempo en el desierto lo debilitó y que enfrentó a Satanás en Su mayor debilidad. Todo lo contrario, fue en el desierto donde Cristo se fortaleció porque pasó un largo tiempo de quietud en la presencia de Su Padre.

Fíjate que fue el Espíritu el que lo llevó al desierto para ser tentado por el diablo (Mat. 4:1) y fue recién después de los cuarenta días de ayuno y oración que Satanás aparece en escena. Sin embargo, Satanás ataca una debilidad física porque Jesús estaba realmente fortalecido en el espíritu.

J. M. Comer dice que es por eso que Jesús una y otra vez regresa[13] a tener tiempos de soledad con Dios.

Jesús pasó una noche entera orando en el monte antes de elegir a los doce discípulos (Luc. 6:12). Jesús se alejó y fue a un lugar desierto cuando recibió la noticia de la muerte de Juan el Bautista (Mat. 14:13). Jesús despidió a Sus discípulos y a la multitud y subió al monte a solas a orar después de alimentar a los 5000. El texto dice que inclusive al anochecer estaba allí solo (Mat. 14:22-23).

13. J. M. Comer, *Elimina la prisa de tu vida*, 125.

En la tentación, en el dolor y en el éxito, Jesús se apartó y escogió la soledad con Su Padre porque ese es el verdadero lugar de fortaleza espiritual. No puedo dejar de pensar que si Jesús necesitaba tiempo a solas con Su Padre en toda circunstancia, ¿qué me hace creer que yo no lo necesito?

Mi soberbia.

Los santos de Dios que vivieron en el desierto alrededor del siglo III creían tanto en los tiempos de soledad con Dios que, literalmente, se apartaron a vivir en el desierto, en donde también buscaban matar así los deseos carnales del alma. Tenemos mucho que aprender de ellos. San Antonio Abad decía:

> El hombre que permaneciera en soledad y silencio sería librado de tres batallas: la de escuchar, la de hablar y la de mirar. Entonces solo tendría una batalla que pelear: la batalla del corazón.[14]

Con esta cita no te quiero animar a mudarte a un desierto o a tirar la vida por la ventana. Te quiero animar a que seas sabio en cómo usas tu tiempo porque, de no hacerlo, estarás demasiado distraído con la vida y perderás de vista la batalla más importante que tienes:

La que está en tu propio corazón.

El costo de la quietud

Tan pronto como comencé a desarrollar el hábito de la quietud en mi vida, empecé a darme cuenta de cuánto rellenaba mis momentos a solas con otros estímulos. Si estaba manejando iba escuchando música, alguna clase o un pódcast. En mi cama leía un libro, veía una serie o tomaba el celular. Si estaba

14. Owen Chadwick, ed., *Western Ascetism* (Philadelphia, PA: Westminster Press, 1958), 40.

esperando a que me atendieran conversaba con alguna amiga o revisaba mis redes sociales.

Entonces, ¿cuándo estaba en silencio?
¿La respuesta?
Nunca.
Bueno, cuando dormía... probablemente esa sea la mejor respuesta.

Un buen ejercicio es empezar a desarrollar momentos de silencio intencionales para simplemente ir delante de Dios. Al inicio te sorprenderás de cuánto huyes del silencio y de lo incómodo que puede ser por la cantidad de emociones negativas que salen a flote. Pero verás cómo tu mente y corazón empezarán a aquietarse con más facilidad y lo bueno que es ese estado para tu corazón, en la medida en que lo desarrolles intencionalmente.

Pero eso sí,
vivir en quietud tiene un costo.

Vas a ser consciente de que no puedes hacer todo lo que hacías antes.
Tu ritmo de vida necesariamente empezará a cambiar.

Cuando empecé a reconocer la necesidad que tenía de estar presente en mi vida y caminar en quietud, fue inevitable que cuestionara las razones para realizar ciertas actividades. Por ejemplo, una de las cosas que más me fascinaba era hacer *indoor cycling* (o *spinning*). Sin embargo, empecé a darme cuenta de que quedaba *megacelerada* cuando salía de mis clases. La música a todo volumen, el ambiente a oscuras con luces tipo discoteca y la velocidad que exige esta disciplina me dejaban con las endorfinas por los cielos. Ese estado podía durarme el día entero.

Aunque nunca fui una ávida bebedora de café, tomé la decisión de limitarlo. ¿Por qué? Mi TDAH hace que algunas sustancias como el café o el alcohol me activen mucho más que a una persona neurotípica. De modo que mi forma de consumir café se ha visto muy limitada y al alcohol decidí desecharlo de mi lista.

No es fácil dejar de hacer lo que te gusta, pero aunque el costo puede ser alto, la ganancia ha sido mayor.

Aprender a vivir en quietud significa ser intencional también en cuántas responsabilidades asumo. Me tocó decir: «Esta vez no puedo» o, la que más odiaba: «Me va a tomar más tiempo del que creía». Reducir mis actividades para cumplir con mis responsabilidades y distribuirlas mejor es una habilidad que sigue en proceso de desarrollo.

Eso ha implicado decirle «no» al *multitasking*.
Reconocer que para hacer algo bien, solo puedo hacer una cosa a la vez.
Recordar que el único y verdadero *multitasker* es Dios.
Todos los demás seres humanos tenemos límites y capacidades establecidas.

Sí, sí, lo sé.
Todos queremos hacerlo todo, hacerlo bien y hacerlo rápido.
Pero esa es una categoría que solo le pertenece a Dios.

Mientras tanto, Él te ha llamado a estar presente, disfrutar de la vida que te ha dado, vivir tranquilo y en quietud buscarlo a Él.

Sí.
Te va a costar.
El mundo te ha enseñado diferente.
Pero Dios no quiere que te estrujes en esta vida, haciendo más que lo que Él tiene para ti.
Recuerda:
Una cosa a la vez.

De Martas a Marías

Vayamos ahora a lo práctico. Muchos de nosotros hemos estado viviendo en la versión de Marta. Seamos sinceros, ha sido muchísimo más fácil hacerlo de este modo porque así no tenemos que enfrentar nuestro corazón, escuchar lo que Dios tiene que decirnos y, a la vez, podemos seguir haciendo cosas «para» Dios.

Pero hemos visto que ahí no está la «parte buena». La parte de Marta nos será quitada, la de María no. Esa es precisamente la que necesitamos cultivar.

Estas son algunas ideas que quiero proponerte para empezar a desarrollar la capacidad de vivir más quietos:

1. Busca un espacio a solas para pasar tiempo en silencio con Dios antes de empezar tu día.
2. Trasládate de un lugar a otro sin música, pódcast o alguna lectura. Quédate en silencio, aprovecha ese tiempo y ora.
3. Evita el *multitasking*, haz una cosa a la vez.
4. Ordena tu sueño, duerme a una hora prudente para que puedas amanecer descansado y tener un tiempo solo tú y Dios.
5. Presta atención a lo que haces cuando te quedas sin nada que hacer. Detente y regresa a hacer «nada». Dale a tu mente espacio para descansar y hasta para aburrirse.

Permíteme dejarte un *checklist* que puedes usar de recordatorio todos los días hasta que se convierta en un hábito:

- He definido mi espacio a solas con Dios.
- Hoy pude trasladarme sin distraerme con el celular, la música o alguna lectura.
- Intencionalmente no-*multitasker*: me recuerdo que solo puedo hacer bien una cosa a la vez.

- Ya configuré la alarma que me envía a dormir. Estoy en el proceso de ordenar mejor mi rutina de sueño.
- Estoy aprendiendo a observar mi mente cuando no hago nada. Me cuesta, pero ya empezamos.

¿Quieres saber cuál es mi favorita?

Despertar cada mañana a las 5:00 a. m., cuando aún las calles están en silencio, mis hijos en cama y el cielo oscuro; sentarme en mi balcón mirando el horizonte y empezar a conversar con mi Padre. Es en ese momento en el que empiezo a decantar mi corazón delante suyo, Su Palabra es el agua que sacia mi sed en la quietud y el silencio. Río, lloro, suplico, agradezco, me arrepiento...

Él está ahí.

Yo estoy con Él.

Sus brazos me abrazan, el mundo se detiene.

Es suficiente.

Puedo oír mi corazón quieto, pero sobre todo puedo disfrutar a Dios.
No es dopamina a la vena, son Sus manos sosteniendo mi corazón y abrigando mi alma.
No hay nada que supere eso.

Ordenando nuestro tiempo con Dios

Quiero animarte a que añadas silencio y quietud a tu día. Es un llamado contracorriente. Recuerda que tú no eres todopoderoso, que más nos vale estar haciendo las obras que Dios preparó para nosotros y no las que nosotros queremos hacer. Finalmente, recuerda que nuestra prioridad es elegir «la parte buena» la cual no se nos quitará. Sin embargo, para poder sentarnos a Sus pies, nuestra alma necesita estar quieta para poder escuchar y disfrutar Su voz.

¿Estás listo?

Será un desafío importante permanecer en silencio y sin distracciones. Después de haber terminado tu lectura bíblica y oración, fija tu atención en algo puntual. Puedes imaginarte un lugar hermoso, de quietud y de calma, donde no hay bulla ni distracciones. Permanece ahí, en silencio, con Dios.

Aunque al inicio puede ser retador, este consejo de Dietrich Bonhoeffer fue muy útil para mí: cuando venga un pensamiento externo, ora en ese momento por ello y luego te será más fácil regresar a donde estabas.

Al silencio.

No dejes de escribir en tu cuaderno todo aquello que empezarás a reconocer de ti mismo en este tiempo.

Nos vemos en el próximo capítulo.

CAPÍTULO 3

DIOS SIN BIBLIA

Hace un tiempo hice una encuesta en mis redes sociales. El objetivo era entender a la generación de cristianos de nuestros días sobre la forma en que estaban percibiendo su relación con Dios. Quería saber cómo estaban y cómo querían estar. No tenía muy claro cuáles serían las respuestas, pero creo que nunca anticipé los puntos ciegos que se hicieron evidentes al leer los resultados.

Fue sorprendente.

Uno de los hallazgos que más llamó mi atención es que tenemos una percepción bastante distorsionada de lo que realmente significa tener una relación fuerte, cercana e íntima con Dios.La primera pregunta fue: ¿Qué palabra describe mejor tu relación con Dios?

Íntima: 25,2 %
Fuerte: 13,6 %
Placentera: 13,6 %
Profunda: 9,3 %

Permíteme hacerte esta misma pregunta. No quiero que marques la palabra que mejor responde a la pregunta, sino que, a la luz de tu realidad hoy puedas rellenar cada barra de acuerdo con tu situación actual, de menos a más: ¿Cuánto definen estas palabras tu relación con Dios?

Íntima ☐

Fuerte ☐

Placentera ☐

Profunda ☐

Estas cuatro respuestas representan al 61,7 % de los encuestados. Me emocionó mucho ver un número tan grande de creyentes que afirmaban que su relación con Dios era estable, fuerte e íntima y además era un espacio de comunión que disfrutaban. Sin embargo, las respuestas a las preguntas sobre sus rutinas y su relación con la Biblia fueron contradictorias.

Una de las preguntas que más luces arrojó fue: ¿Por qué crees que para ti es un desafío leer la Biblia? El 61,7 % que aseguró tener una relación sólida con Dios respondió lo siguiente:

> No tengo tiempo para leerla: 23,3 %
> Es difícil entender la Biblia. Por eso no me dan ganas de leerla: 14,2 %
> No es una prioridad para mí: 14,6 %
> Me distraigo al leerla: 7 %

¿Y tú? ¿Cómo estás en estas opciones? Hagamos el mismo ejercicio. Rellena cada barra dependiendo de qué obstáculos para leer la Biblia están más presentes en tu vida:

Falta de tiempo ☐
Distracciones ☐
No la entiendo ☐
No es mi prioridad ☐

El resto de las respuestas se divide entre la falta de disciplina, la culpa de Satanás, nuestra carne, los afanes y otros aspectos similares. Estos resultados son impactantes porque vienen de personas que afirman tener relaciones fuertes con Dios. La combinación de respuestas me lleva a plantear dos tesis:

1. **La solidez de nuestra relación con Dios está determinada por nosotros mismos**. Hemos definido qué tan buena, sólida y estable es nuestra relación con Dios de acuerdo con nuestro entendimiento, por cómo nos sentimos, por lo que la experiencia diaria nos dicta.
2. **No entendemos que sin la Biblia es imposible tener una relación fuerte con Dios**. Creemos conocer a Dios por lo que otros nos han hablado de Él, no hemos entendido la preeminencia que tiene la Biblia en el conocimiento profundo de nuestro Creador. No deja de ser cierto que no puedes tener una relación con quien no conoces, menos en intimidad. Esto se aplica en primer lugar: con Dios.

¿Qué está pasando? Tenemos una generación de creyentes que está definiendo su relación con Dios por su experiencia subjetiva diaria, pero no necesariamente por un conocimiento sólido de Dios a través de las Escrituras.

Esto es grave.

La generación actual considera las sensaciones y las experiencias como determinantes en la vida. Nos atrae todo aquello que nos genere dopamina, es decir, todo aquello que nos haga *sentir* bien sin importar si es verdadero o falso. Nos hemos entrenado para vivir tan en automático que no nos estamos deteniendo para evaluar la realidad de nuestro estado espiritual.

Esta realidad contemporánea y subjetiva también ha alcanzado a la iglesia. Anhelamos «esa» experiencia con Dios para sentirnos cerca de Él. Queremos una noche de adoración que nos quebrante hasta las lágrimas, o sin ir muy lejos deseamos al menos una alabanza dominical que mueva las fibras más íntimas del alma. Esperamos un retiro para tener un encuentro sobrenatural con Dios.

¡Ojo! Nada de eso está mal.
No me malentiendas.

El problema radica en que nuestra relación con Dios no se cimenta en experiencias o sensaciones. Nuestra relación con Dios debe y tiene que estar fundamentada en la Verdad, aquella que ha sido revelada en más de 700 000 palabras por un Dios que quiere hablarnos a la mente y al corazón cada día porque nos ama. Mientras tanto, seguimos separando por completo la Biblia del Dios de la Biblia.

Esa separación es la tragedia máxima de nuestros tiempos.

John Frame, un teólogo genial por la claridad de sus explicaciones, dice que,

> **Cuando nos encontramos con Dios, nos encontramos con Su Palabra. No podemos encontrarnos con Dios sin Su Palabra o con la Palabra sin Dios. La Palabra de Dios y Su presencia son inseparables.**[1]

No tenemos la posibilidad de dividir o siquiera separar a Dios de Su Palabra. Dios ha decidido revelarse a sí mismo a través de Su Palabra escrita: La Biblia; y por medio de Su Palabra viva, Jesucristo. Dicho de otro modo: Las Escrituras son el punto de encuentro con Dios.

Creados para la intimidad verdadera

Tengo un buen tiempo compartiendo con creyentes de toda la región. Muchos de ellos han confesado que luchan con un sentimiento de estancamiento en su vida espiritual. Perciben que su relación con Dios está fría, árida y no saben cómo salir de ese estado. Pero ellos mismos también dicen no tener tiempo para leer la Biblia y hasta reconocen que no está entre sus prioridades espirituales dedicarle tiempo a las Escrituras.

No estamos viendo la conexión directa entre Dios y la Biblia. Y aún creemos que es posible separarlos.

Hemos llevado nuestra relación con Dios a esa misma esfera cultural de sensaciones y subjetividad. La tragedia de haber separado a Dios de la Biblia ha hecho que creamos que nuestra relación con Dios se fortalece por experiencias subjetivas religiosas cuando, por ejemplo, cantamos a todo pulmón con

---

1. John Frame, *The Doctrine of the Word of God* (Phillipsburg, NJ: P&R Publishing Company, 2010), 68.

el corazón quebrado mientras las melodías parecen despertar nuestra espiritualidad dormida. Y tenemos la seguridad de que eso será suficiente.

Pero aquí estamos.
Áridos.
Fríos.
Con el corazón endurecido.
Viviendo como no debiéramos.

No es mi intención hacer leña del árbol caído.
Yo estuve también en ese mismo lugar.

Creo que mucha de la responsabilidad para ese estado espiritual la tienen los líderes actuales de las iglesias. Pero no toda la responsabilidad recae sobre ellos.

No se nos enseñó como se debía.
Pero tampoco hicimos mucho por cambiarlo.
Nos conformamos.
Sí.
Nos damos cuenta de que nuestra alma pide más.
Pero hemos aprendido a callarla o ignorarla.
Hemos seguido viviendo así.

Sin embargo, esta situación no puede continuar así porque es pecado saber lo bueno y no hacerlo (Sant. 4:17). Acompáñame a leer juntos algunos de los textos bíblicos que testifican que a Dios lo conocemos a través de la Biblia:

> Ustedes examinan las Escrituras porque piensan tener en ellas la vida eterna. ¡Y son ellas las que dan testimonio de Mí! (Juan 5:39)

La siguiente es una frase que Jesús recién resucitado les dijo a dos de Sus discípulos en el camino a Emaús:

> Comenzando por Moisés y *continuando* con todos los profetas, les explicó lo referente a Él en todas las Escrituras. (Luc. 24:27)

Y estas dos fueron dichas por Jesús en diferentes ocasiones a Sus discípulos:

> Mis ovejas oyen Mi voz; Yo las conozco y me siguen. (Juan 10:27)
>
> Y esta es la vida eterna: que te conozcan a Ti, el único Dios verdadero, y a Jesucristo, a quien has enviado. (Juan 17:3)

A través de la Biblia conocemos a Dios y a Jesús, la encarnación y la imagen de Dios mismo. No existe otra fuente y la verdad es que no es necesario tener otra. La revelación de Dios mismo es la única verdad absoluta, clara y completa que puede enseñarnos una y otra vez sobre quién es Dios.

El punto final es este:

No puedes tener una relación íntima con alguien que no conoces.

No hay cómo debatir esa afirmación.

¿Conoces a Lionel Messi? Creo que es una respuesta casi evidente para la gran mayoría de hispanos y amantes del fútbol. Tenemos mucha información general sobre él. Es argentino y uno de los mejores jugadores de fútbol de la historia. Jugó por muchos años en el FC Barcelona y al momento de escribir este libro juega en el Inter de Miami. Ha ganado la Copa Mundial de fútbol y también la Copa América. Si queremos ponernos más personales, sabemos que está casado y tiene tres hijos. Su historia cuenta que de niño se fue a Europa a jugar fútbol y que recibió tratamiento hormonal para mejorar su crecimiento.

Tenemos mucha información sobre Messi. Seguro podemos conseguir mucha más. ¿Eso quiere decir que lo conocemos?

Bueno, en términos muy generales podríamos decir que sí. ¿Esa información me brinda una relación íntima con él? De ninguna manera. No conozco la intimidad de su corazón ni él tampoco me conoce. Puedo decir con certeza que Messi no es mi amigo, de hecho, ni siquiera es mi conocido.

Ahora extrapolemos este mismo ejemplo a Dios. Podemos imaginarnos cómo es y tratar de llenar los vacíos que tenemos sobre Él con nuestras experiencias buenas y dolorosas, alguna formación mínima y mucho de la cultura imperante. Pero si no nos hemos dedicado a conocer Su corazón a través del medio que Él ha dejado, es decir: la Biblia, entonces ni siquiera podríamos acercarnos a la definición de «conocidos». Solo llegamos a tener información muy general sobre Él.

El pastor Miguel Núñez es una de las personas que más ha formado mi comprensión de la importancia y la necesidad de vivir unida a la Biblia. La forma en que expresa el impacto de las verdades de las Escrituras en su vida es impactante:

> Conforme conozco al Dios de la Palabra, mi ser es transformado de manera natural. Al escudriñar y asimilar la Palabra de Dios, comienzo a descubrir quién es Dios y de pronto veo cómo:
>
> - Su eternidad me silencia.
> - Su santidad me aquieta.
> - Su soberanía me empequeñece.
> - Su poder me asombra.
> - Su amor me sana.
> - Su fidelidad me preserva.
> - Su gracia me redime.
> - Su paciencia me bendice.
> - Su celo me cuida.[2]

2. Miguel Núñez, ed., *Biblia temática de estudio*, El Dios detrás de la Biblia (Nashville, TN: Biblias Holman, 2020), XXVII.

Si no estás pasando tiempo en conocer al Dios de la Biblia, entonces quisiera preguntarte con mucha sinceridad:

> ¿Quién es Dios para ti?
> ¿Cómo se está traduciendo esa definición de Dios en tu caminar?
> ¿Cuál es tu fuente para conocer al Dios en quien estás creyendo?
> ¿Tu conocimiento se basará en lo que otros te han enseñado de Él?
> ¿Puedes definir bien quién es Dios?
> ¿Cuánto confías en Él? ¿Por qué confías en Dios?
> ¿En qué te basarías para entregarle alguna área de tu vida?

Sí, quisiera que cuestionaras tus creencias. No quiero que sigas dando por sentado sin mayor reflexión que lo que sabes es suficiente para vivir. Nuestro Dios es tan grande y majestuoso que lo único suficiente es conocerlo a través de una intimidad cada día más profunda.

No estoy hablando de llenarte de información sobre Dios, se trata de conocerlo al escucharlo desde el silencio del alma, donde nadie más puede llegar. Conocerlo hasta el punto de que Sus verdades te sostengan aun en medio de la oscuridad más grande.

Debes saber que fuiste creado para tener esa relación
profunda e íntima.
Cuando la descuidas sales a buscarla con frecuencia al
mundo,
entregándote al mejor postor con promesas engañosas
que te desilusionan una y otra vez,
que se disfrazan de amigo, de cónyuge o de hijos...

Si has aprendido a apagar tu necesidad de intimidad con Dios la querrás adormecer con el trabajo, salidas sociales o ruido en sus diferentes formas con el objetivo de evitar sentir más.

Si sigue doliendo y no vas al Señor, entonces seguirás buscando apagarla con más escapes o adicciones en distintos empaques.

Pero, si le perteneces, ese anhelo íntimo nunca se va a ir.
Te repito, fuiste creado para una intimidad más profunda, y solo podrás encontrarla en tu Creador.
Esa necesidad de intimidad está latiendo:
Pum... pum... pum... pum...
¿La escuchas?
Puedes seguir intentando huir.
Pero tu corazón es como un terreno baldío, sin fruto.
Lo sabes.
Te pesa.

Dios no te dio una vida nueva para vivir así.

Te creó para Él.
Te creó para caminar en ti, contigo.
Nadie te conoce como Él.

Quizás estás pensando: «Sí, Dios me conoce, pero yo no puedo conocerlo en esa misma intimidad». Es cierto, no puedes. Pero Su corazón es tan glorioso y tan infinito que, aunque en esta vida no podrás conocerlo por completo, sí ha dejado provisión para que puedas empezar a conocerlo. A la luz de Su inmensidad podría parecer poco, pero para nuestro entendimiento limitado es absolutamente abrumador.

No confiamos porque no conocemos

Hace varios años, yo también me hubiera considerado dentro de ese 61,7 % que mencioné anteriormente. No dudaba de que mi relación con Dios era supuestamente fuerte, aunque quizás no hubiera elegido usar la palabra «íntima». Pero sí hubiera dicho con cierta seguridad que es «fuerte» porque nadie me iba a poder separar de Jesús (Rom. 8:38-39).

Ok, algo de razón tenía ¿cierto?

Pero no era fuerte en el sentido de tener una relación sólida, profunda y cimentada sobre todo en la verdad. Ya te he contado cómo mi Biblia pasaba semanas empolvándose en mi mesa de noche con la promesa de leerla a la mañana siguiente. Esa «mañana siguiente» se convirtió en muchos meses que se acumulaban sin que nada pasara.

Me consideraba creyente, había puesto mi fe en Jesús. Pero la verdad es que no confiaba en Él. Mi vida estaba en mis manos y también la solución de mis conflictos. Me acercaba a Dios como quien se acerca al genio de la lámpara mágica para pedirle que solucionara mis problemas, pero no me interesaba escuchar lo que Dios tenía que decirme, salvo algunos versículos cortos que rápidamente sacaba de contexto.

Mi obediencia no llegaba al punto de estar dispuesta a dejar muchos de mis hábitos y relaciones. No vivía pensando de qué forma podía honrar mejor a Dios con mi vida. Nada de eso estaba en mi cabeza. Solo vivía como cualquier otra persona, a veces le pedía ayuda a Dios, pero era yo misma quien «tomaba el toro por las astas» cuando era necesario.

Todo eso demostraba que realmente no confiaba en Dios tal como la Biblia lo enseña y demanda. Muchas áreas de mi vida estaban cerradas con llave, no estaba dispuesta a cederlas porque implicaría que Dios se hiciera cargo y mi principal respuesta ante eso era temor.

Tenía mucho miedo de lo que Dios pudiera hacer para ordenarme, temía que me quitara algo que amaba o que me pidiera dar pasos de fe que rompieran mi corazón.

No estaba lista para un llamado de esa magnitud.

Sin embargo, todo cambió cuando empecé a leer con intencionalidad la Biblia cada día. La idea del carácter de Dios que tenía en mente empezó a ser impactada por las palabras que Dios mismo había revelado sobre Él. Esas palabras fueron cobrando vida frente a mis ojos y tenían el poder de movilizar todas las hebras más íntimas de mi cuerpo.

La lectura luego se volvió un estudio.

Aún recuerdo cuando empecé a estudiar Génesis por primera vez; de hecho, mientras escribo estas palabras fui a buscar la conversación que tuve hace mucho tiempo con alguien mientras llevaba mi estudio de Génesis:

> La verdad, la verdad es que estoy redescubriendo lo que creía demasiado aburrido. Estoy totalmente asombrada con el Dios del Antiguo Testamento. Toda la vida pensé que era justo, firme y lejano. Pero es lo más misericordioso que hay. No tengo palabras.

La Biblia misma empezó a redefinir el concepto de Dios en mi mente, pero también transformó en mi corazón mis afectos hacia Él. Eso no lo hace cualquier libro, sino el único que tiene palabras de vida:

La Palabra de Dios

Durante mis primeros largos años de creyente tenía mucho miedo de dejar que Dios tomara el control de mi vida y la razón para ese temor es simple: no lo conocía realmente. Había aprendido lo que se me había enseñado por más de una década, pero era solo información que retenía mi mente. Mi corazón desconfiado seguía teniendo miedo. La incertidumbre que me producía pensar en lo que Dios sería capaz de hacer para ordenar mi vida, hacía que resguardara todo con fuerza e ignorara aquellas áreas que no quería entregarle a Dios.

Cuando la Biblia empezó a convencer a mi propio corazón con la verdad de que Dios era misericordioso, bueno y confiable, la fuerza con la que protegía esas áreas escondidas de Dios empezó a ceder, comencé a bajar los brazos y decirle con voz muy bajita:

Está bien Dios, toma, es tuyo, haz tu voluntad.

Al inicio lo decía con una voz bastante sigilosa y casi con un susurro débil. Pero las palabras de vida empezaron a fortalecer cada vez más el entendimiento de quién era Dios y entonces esas oraciones se volvieron palabras fuertes y seguras. Su Palabra fue el alimento que fortaleció mi espíritu y empecé a adquirir la confianza de orar con mayor fuerza y entendimiento:

- Señor, enséñame a amar tu voluntad, aunque sean planes que no hubiese elegido para mí.
- Señor, destruye aquellos ídolos que hay en mi corazón que te han robado tu lugar y ordena mi vida como corresponde.
- Señor, ayúdame a descansar en tu gobierno. No permitas que juegue a ser dios, sino que aprenda a descansar en tu soberanía y a confiar en ti.

Pude verbalizar lo que nunca imaginé que diría:

- Señor, haz lo que tengas que hacer en mí para que cada día haya más de ti y menos de mí.

Todas esas oraciones realmente estaban revelando las grandes luchas a las que no había querido exponerme y las áreas que no quería rendirle. Todo se resumía en aceptar que Dios quiere reinar en mi vida y en Su autoridad no hay espacio para mí. Había batallado activamente en contra de la voluntad de Dios, había demasiados ídolos en mi corazón que le quitaban la prioridad a Dios. Seguramente hubiese dado *check* a todas las casillas de la encuesta:

Falta de tiempo: sí.
Distracciones: obvio.
No entiendo la Biblia y por eso no la leo: era más que evidente.
No es mi prioridad: toda una obviedad.

La oración más difícil siempre es: «Señor, haz lo que tengas que hacer en mí para parecerme más a Jesucristo». Es la más difícil porque implica:

Perder el control que tanto amamos.
Entregarle por completo nuestra vida a Dios:
Tómala.
Toma cada parte.
Toma lo que más amo.

¿Por qué tenemos temor?
Porque nuestra percepción de Dios no está formada por la Biblia.

Está formada por la información secular sobre Dios, la presión de la cultura imperante, nuestro legalismo y, sobre todo, nuestra condición caída. Hasta cierto punto tenemos la creencia de que si le damos todo a Dios, Él nos lo quitará o nos pedirá algo que no nos gustará. Creo que esto se debe a que en nuestro inconsciente (o consciente) sabemos que no le estamos dando a Dios el lugar que merece y tenemos muy claro que Él debe poner la casa en orden. Por eso A. W. Tozer dice:

> La única manera de restaurar la confianza en Dios es restaurar el conocimiento de Dios... y un conocimiento restaurado de Dios hará brotar la fe.[3]

¿Te das cuenta del orden de sus palabras? Se trata de reparar el entendimiento que tenemos de Dios, no con nuestras supuestas creencias, sino con lo que la Biblia declara de Él. Para alcanzar ese conocimiento no es suficiente lo que otros dicen sobre Dios. Para que el conocimiento de Dios sea

---

3. A. W. Tozer, *Los atributos de Dios, vol. 2* (Lake Mary, FL: Casa Creación, 2014), 4-5.

restaurado en mí necesito exponerme y dedicarme a las Escrituras para que, entonces, ese entendimiento sea recompuesto día tras día.

Quizás estás pensando: «Ya, Majo, demasiada intensidad de tu parte».

¿Sabes por qué no podemos enfatizar esta búsqueda de Dios lo suficiente? Porque la Biblia declara que nadie quiere ni busca a Dios (Rom. 3:11b). Esa es nuestra realidad original, nacemos sin el más mínimo deseo de buscar a Dios porque estamos muertos en nuestros delitos y pecados (Ef. 2:1), separados de Él, destituidos de la gloria de Dios (Rom. 3:23). Pero en Cristo, Dios nos ha dado vida nueva (Rom. 6:4).

Ahora que somos de Él, somos nuevas criaturas, Él ha prometido cambiar nuestro corazón de piedra en uno vivo, de carne (Ezeq. 11:19). Su Espíritu ha prometido guiarnos a toda verdad (Juan 16:13). Entonces, ¿cómo podemos insistir en entristecerlo con nuestras decisiones?

Nos toca despertar de la neblina de este mundo que nos tiene atontados.

Nos toca hacer nuestra parte y alimentar nuestro espíritu buscando a Dios con todo el corazón.

Recibidos en intimidad

Quizás esperabas una serie de pasos a seguir que te diera la fórmula mágica para tener una verdadera relación íntima con Dios. Pero ¿la verdad? Aquí no solo está la respuesta para los hijos de Dios, sino que aquí está la respuesta que tiene la capacidad de satisfacer y despertar tu alma de una manera rebosante:

Inclinen su oído y vengan a Mí, Escuchen y vivirá su alma.

(Isa. 55:3a)

Tu alma despertará, tu alma pasará de la sequía a la lluvia, del frío al calor.

¿Cuándo?

> Cuando inclines tu oído: disposición y cercanía.
> Cuando vayas a Él: intencionalidad en acercarte.
> Cuando escuches: Saber con claridad lo que Dios está diciendo.

Esa es la parte que te toca.

Dios mismo hace el trabajo milagroso de vivificar tu alma.

No podemos tener una relación fuerte, sólida e íntima con Dios si no lo conocemos. Es evidente que es imposible. Nuestra alma nacida de nuevo lo anhela profundamente, porque Su presencia es el único lugar donde somos realmente conocidos sin ser rechazados. Por la obra de Cristo a nuestro favor somos recibidos delante del trono del Padre.

Presta atención: La presencia de Dios es el único lugar donde eres conocido tal como eres, sin máscaras y sin ser rechazado.

La obra de Jesús te ha dado por gracia Su justicia perfecta para que Dios, el Padre, te reciba no solo con los brazos abiertos, sino con el mismo gozo con el que el padre recibió a su hijo pródigo (Luc. 15:20-24).

No necesitas una noche de alabanza para movilizar cada célula de tu cuerpo en adoración. Necesitas abrir la Palabra de Dios y enfrentarte al carácter impactante de un Dios que

> … es santo, y en consecuencia no puede pecar. Y si Dios no puede pecar, entonces no puede pecar en contra mío. Si no puede pecar en contra mía, ¿eso no lo hace el ser más confiable que hay?[4]

¿Quién no necesita confiar en alguien del que tiene la seguridad de que no lo defraudará?

¿Quién no necesita tener una relación perfecta de intimidad? ¿Quién no necesita hablar de todo aquello que burbujea en su interior con puntos, comas y detalles y saber que es recibido, amado, aunque lo que haya en su interior sea una terrible oscuridad?

¿Quién no necesita alguien con quien ser completamente transparente porque sabe que no lo desilusionará después de escucharlo?

Yo, ¿y tú?

Mi alma clama cada día por esa relación:

Oh Dios, Tú eres mi Dios;
te buscaré con afán.
Mi alma tiene sed de Ti,
mi carne te anhela
Cual tierra seca y árida donde
no hay agua.

(Sal. 63:1)

---

4. Jackie Hill Perry, *Holier than thou* (Nashville, TN: B&H Publishing Group, 2021), 2.

Si no conozco realmente al Dios de las Escrituras tendré miedo y me sentiré insegura. Creeré que necesito un castigo y que serán necesarios unos buenos latigazos antes de merecer acercarme a Dios después de haber pecado, si es que no he entendido que lo que Jesús ya hizo en la cruz ha sido un castigo suficiente y perfecto por mis pecados.

Mientras más conozca a mi Dios, más lo voy a desear.
Porque Él no es como mi mente piensa.
Él es como la Biblia revela.
Mientras más lo conozco,
más incomparable será ante mis ojos.

La Biblia no es como cualquier otro libro. No es como leer *Cien años de soledad*. Estamos leyendo un libro sobrenatural, la voz de Dios mismo. Por eso Sus palabras tienen el poder de transformar tu mente y tus afectos, no solo de informarlos. Tienen el poder de convertir tus pensamientos en convicciones completamente nuevas y contrarias a las que tenías por ti mismo.

Por eso David se desesperaba por buscar a Dios, porque lo había conocido en intimidad. Entendía perfectamente que su Creador lo conocía y había llegado a tal intimidad con su Dios que las expresiones alcanzan ilustraciones como «mi alma tiene sed de Ti [...] cual tierra seca y árida donde no hay agua» (Sal. 63:1). Él buscaba a Dios con desesperación porque sabía que solo en Él encontraría la verdadera satisfacción para su alma.
¿Dónde estás buscando tu satisfacción?
¿Dónde crees que encontrarás la plenitud?
¿En Dios o Él es el instrumento que te puede ayudar a alcanzar tu plenitud en otra parte?

Sí, eso dolió, lo sé.
Es duro confrontarnos, pero es mejor que seguir mintiéndonos.
No podemos seguir dorándonos la píldora.
Es tiempo de decir las cosas como son.

La potencia del alma que clama

Hay dos ilustraciones que la Biblia usa para ayudar al lector a entender el inmenso anhelo que tiene nuestra alma por Dios y Su Palabra. Es tan crítico que las dos imágenes son representadas por seres vivos que gritan en desesperación.

Los salmos fueron escritos originalmente para los israelitas que vivían en desiertos. Los hijos de Coré, los autores del Salmo 42, utilizaron un ejemplo que para ellos era sumamente familiar, aunque no lo es para nosotros. Podemos hacer uso de la tecnología para acercarnos mucho más a la realidad que el salmista menciona en este salmo.

El Salmo 42:1 usa la representación de un ciervo que desesperadamente busca agua en medio del desierto. Debemos considerar que una característica que tiene el desierto es que es árido, seco y sumamente caluroso. Por lo tanto, se puede decir que el ciervo estaba en una condición desesperante, buscando aguas frescas para saciar su sed y refrescarse. Ahora quisiera que hagas una pausa a tu lectura y vayas a YouTube y pongas en el buscador: «ciervo bramando por agua». En la gran mayoría de videos, si no en todos, verás a los ciervos en lugares con vegetación y agua. Usa tu imaginación para verlo en un desierto mientras lanza ese grito lastimero, profundo y desesperado por calmar su sed.

Esa misma desesperación y ese bramido fuerte deben recordarte que, aunque no lo escuches audiblemente, se trata de la misma desesperación intensa con la que clama tu propia alma por la presencia de Dios. Lo que hemos hecho es aprender a apagar y a distraer ese clamor con los ruidos altísimos de este mundo.

La segunda ilustración que usa la Biblia es la de un bebé recién nacido llorando de hambre (1 Ped. 2:2). No necesitas tener hijos para conocer esa situación. Es uno de los sonidos que más transmiten desesperación y cuando lo escucho lo único que quiero es ayudar de inmediato a calmar al bebé.

Ese es nuevamente el sentido de intensidad que el apóstol Pedro nos está transmitiendo cuando lo usa como ejemplo. En nuestra alma hay desesperación por Dios y Su Palabra.

Es posible que te hayas dado cuenta de que, en ambos casos, la Biblia está usando elementos que se refieren a nuestra hambre o sed física. Ambos procuran ejemplificar la desesperación que nace del deseo de saciar nuestra necesidad. Quisiera decirte que todos esos deseos que hoy tienes, que buscas con desesperación, sin importar hacia dónde estés buscando saciarlos hoy,

Son un eco de una necesidad personal más profunda.
Estás clamando como el ciervo en el desierto,
pero lo estás haciendo muy *lejos* del agua.
Estás llorando con la desesperación de un recién nacido,
pero *lejos* de mamá para que te alimente.

La potencia del clamor de nuestra alma ha sido retratada en la Biblia como verdadera desesperación por satisfacción.

> Solo hay un lugar donde el ciervo puede hidratarse,
> solo hay un lugar donde el bebé puede alimentarse.
> Solo hay un lugar donde tú puedes aquietarte:
> **en la intimidad con Dios**
> **a través de Su Palabra.**

Tozer tuvo la capacidad de leer muy bien los tiempos, mostrar la realidad humana y la única solución permanente en Dios. Él dijo hace más de seis décadas:

> Hemos perdido a Dios, o al menos hemos perdido nuestro alto y noble concepto de Dios: el único concepto de Dios que Él honra.
>
> Los avances que hemos logrado han sido casi todos externos: Biblias y escuelas bíblicas; libros y revistas y mensajes radiales; misiones y evangelismo, números y nuevas iglesias. Y las pérdidas que hemos sufrido han sido internas: la pérdida de dignidad y adoración y majestad,

> de espiritualidad, de presencia de Dios, de temor y deleite espiritual.
>
> Si hemos perdido solo lo que es interior y ganado solo lo que es exterior, me pregunto si en definitiva hemos ganado algo [...]. Creo que en nuestras iglesias evangélicas, nuestro cristianismo está escuálido y anémico, sin contenido de pensamiento, frívolo en tono y mundano en espíritu.[5]

Esta frase de Tozer es una de mis favoritas desde hace muchos años. Creo que es una radiografía tan precisa de nuestros tiempos que se me escarapela el cuerpo. Nuestra atención sigue estando en lo externo. Hoy los pódcasts han reemplazado a los programas radiales; las redes sociales a las revistas. Proliferan las actividades externas, las conferencias, los retiros y una multitud de eventos. Pero seguimos distraídos con mucha oferta externa.
Hay un solo lugar al que necesitamos ir.
A Su presencia.
En Su Palabra.

Todo lo demás es bueno, pero no es la prioridad.
Dios es la prioridad máxima.
Tu alma está clamando.
Como el ciervo.
Como el recién nacido.
Escucha tu propio clamor.
Deja de apagarlo con los ruidos altisonantes del mundo.
La solución es eterna, solo será aquietada
cuando la lleves delante de Dios,
cuando Su Palabra sacie tu sed.

El punto de quiebre

Está bien.
¿Entonces qué hacemos?

---

5. A.W. Tozer, *Los atributos de Dios, vol. 2*, 8.

¿Nos seguimos dorando la píldora?
¿O nos hacemos responsables de nuestra parte?

Este es el punto de quiebre para tu lectura en este libro. Seguir adelante es reconocer que necesitas confesar aquellas áreas en tu corazón que tu Padre te ha mostrado mientras leías; necesitas arrepentirte y pedir perdón a Dios.

De aquí en adelante este libro tiene el propósito de empezar a ponernos a la altura, empezar a esforzarnos y dejar de lado las objeciones, las excusas y la pereza espiritual.

No, no se trata de tu edad, ni que a estas alturas de la vida ya no vas a cambiar.
No, tampoco se trata de tu déficit de atención.
No, no me hables de tiempo a menos que estés viviendo una temporada particular. Pero aun si fuera así, es solo una temporada y puedes adaptarte.

Por favor, dejemos las excusas.
Es suficiente.
Haz una pausa.
Anda delante de Dios.
El momento para ver tu corazón con el Padre que te ha amado tanto que ha entregado a Su propio Hijo hasta la muerte, es ahora.
Yo te espero.

El cambio no ocurre de la noche a la mañana. Cambiar en nuestras fuerzas es un deseo tan imposible como el anhelo de empezar la dieta todos los lunes. Pero decidir cambiar lo necesario para vivir en intimidad con Dios no solo es un deseo que Dios ama profundamente, sino que es, más bien, una oración que elevamos a Dios para que nos capacite para llevarla a cabo.

Lo primero que debes saber es que el simple hecho de que tengas más deseos por Dios no es algo de lo cual debes jactarte o darte palmadas en la espalda. Por el contrario, se trata de un milagro en tu vida y es absolutamente sobrenatural. Ya he mencionado que lo normal en ti es que no quieras nada de Dios y que sigas sin hacer algo al respecto. Así eres tú en tu forma más natural. Entonces, el hecho de que quieras más es una evidencia clara de que Dios está irrumpiendo en tu vida milagrosamente y mostrándote que ha regenerado tu corazón muerto y lo ha convertido en uno vivo que por fin tiene la capacidad de desearlo.

¡Aleluya!

Lo segundo que quisiera recalcar es que vas a fracasar si lo haces en tus fuerzas. La obra ha empezado en Dios y debe continuar cada día en Dios. Todo se trata de Él. Esta no es una marca de verificación más en tu lista de «¿Cómo ser un mejor cristiano?». Es la razón por la que eres cristiano: Tener una vida íntima con Dios para hallar la verdadera plenitud y el deleite de tu alma a través de Él mismo.

Entonces, no lo camines en tus fuerzas como algo más que cumplir, deshazte de ese *chip* porque:

> Eres hijo (Rom. 8:15),
> del único Padre bueno y perfecto (Rom. 8:16).
> Él anhela profundamente la intimidad contigo
> (Sal. 51:6),
> quiere que conozcas quién es Él (Juan 17:3),

> y se goza en ti con alegría y canta con júbilo por tu vida (Sof. 3:17).

¿Lo ves? No es un estilo de vida que alcanzar. Se trata de una relación viva, real, hecha posible por Aquel que tuvo carne y huesos como tú, pero que era Dios mismo encarnado y terminó la tarea en la que habíamos fracasado para que hoy puedas disfrutar de lo impensado. Hizo todo lo necesario y le costó hasta Su propia vida, para que hoy tengas la libertad para acercarte a Él.

Él ha prometido llevarnos a ese lugar maravilloso, al lugar para el que fuimos creados.

No hay nada igual.
No hay destino paradisíaco que se le compare.
No hay trabajo soñado que lo supere.
No hay cuenta de banco que lo alcance.
No hay cónyuge anhelado que lo iguale.

Es Cristo.
Siempre fue Él.

La vida toma verdadero sentido cuando lo conocemos, la plenitud que arrasa con todo y coloca tus pies en tierra firme, aun si estás transitando por el valle de sombra más oscuro que jamás hayas atravesado.

Es Cristo y lo que más anhelo es enseñarte a través de los siguientes capítulos a amar Su voz y aprender a leerla mejor para escucharla con claridad.

Recuerda todo lo que estamos dejando atrás. Hoy es un punto de quiebre. Hemos hablado del ritmo de nuestra vida y cómo nos llena de dopamina para impedirnos aquietar nuestra alma. Hemos hablado de cómo ese ritmo nos ha entrenado para vivir con la bulla que nos envuelve y nos abruma y cuánto necesitamos del silencio en la presencia de Dios.

A lo largo de este capítulo hemos reconocido que nuestra comprensión de quién es Dios la hemos fundamentado en experiencias, sensaciones, pero con poca o muy poca Biblia, de modo que nuestro entendimiento de quién es Dios habla más de nosotros que de Él. Por eso no hemos podido confiar en Él de verdad.

Ordenando nuestro tiempo con Dios

Hay decisiones que tomar.

Separa el tiempo que necesites antes de ir al siguiente capítulo para escribir lo que Dios ha hablado a tu corazón. Dedícale un buen espacio en tu cuaderno de apuntes. Empecemos con un ejercicio sencillo: Hagamos una lista de cinco decisiones que es necesario tomar para ser intencional en pasar más tiempo en la Biblia.

Empieza por preguntarle a Dios y pedirle que te guíe en aquello que necesitas ver.

1. ____
   ____
2. ____
   ____
3. ____
   ____
4. ____
   ____
5. ____
   ____

Pero no quiero que terminemos este capítulo sin que sea evidente para ti cómo percibes tu relación con Dios. Entonces, en el siguiente gráfico quiero que ubiques qué tanto entiendes las siguientes verdades que son tuyas como hijo de Dios, en contraposición a cuánto las «sientes» reales en tu vida:

- Amado
- Hijo
- Perdonado
- Cuidado
- Libre
- Salvado

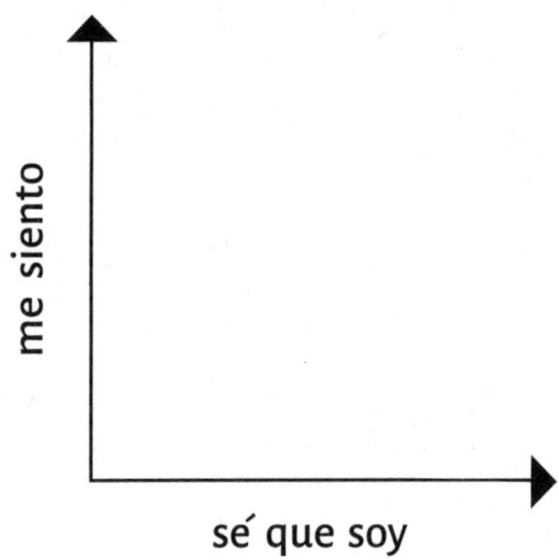

Por último, tómate unos minutos para expresarle a Dios por escrito las verdades con las que estás luchando más y cómo te hace sentir cuando las reconoces. Luchar con estas verdades es una expresión de cuánto nos cuesta creerle a Dios. Pero permíteme recordarte este texto:

la fe *viene* del oír, y el oír, por la palabra de Cristo.

(Rom. 10:17)

Mientras menos expuesto estés a Su Palabra, tu fe en las verdades de Dios perderá potencia. Por eso necesitas depender de Él para hacer realidad los cambios necesarios para pasar más tiempo con Él en Su Palabra. Cuando hayas terminado esta oración, firma con tu nombre en la línea más abajo. Este es un compromiso contigo mismo y delante de Dios:

> Padre, hoy establezco un *punto de quiebre* en mi vida, me dispongo a depender de ti para avanzar contra viento y marea al dedicarme a conocerte a través de tu Palabra.

CAPÍTULO 4

EL CAMINO QUE ENCIENDE EL AMOR

Fueron más los años en los que abrí mi Biblia para cumplir con una tarea pendiente, que para conocer al Dios revelado en cada página.

No lo puedo negar.

No podría definir con exactitud qué entendía por «la Biblia» en ese entonces, más allá de responder que era *la Palabra de Dios*. Pero, en realidad, ¿qué significaban esas cuatro palabras para mí en aquel tiempo?

Ok. Déjame ser un poco más incisiva. ¿A qué me refería con que era *la Palabra de Dios*?

La voz de Dios o
Lo que Dios quiere decirles a las personas.

Es probable que hasta ahí llegara mi definición. Lo creía de verdad. Pero quedarme en ese entendimiento tan superficial limitó mucho mi relación con la Biblia.

Quizás te sientes identificado conmigo o quizás solo soy un espécimen raro.

Todas las definiciones previas son verdaderas, pero hasta cierto punto se sienten lejanas y pareciera que no tienen mucho que ver conmigo. Sin embargo, la perspectiva debería cambiar cuando el evangelio llega a nuestra vida, nuestros ojos son abiertos y por primera vez podemos ver a Dios. La pregunta que tocaría hacernos es:

¿Por qué seguía pareciendo un libro lejano para mí?

Con el paso de los años siguientes y luego de trabajar con creyentes a lo largo de la región, he entendido que las razones que explican este comportamiento siguen relacionadas con nuestra falta de entendimiento de lo que realmente es la Biblia, qué significa y cuál es el papel que juega en nuestra vida.

Nos quedamos en la definición corta y la sentimos débil y sin mayor profundidad. Por eso no nos impacta ni nos mueve a esforzarnos en comprender lo que está escrito en sus páginas.

Si meditáramos en el hecho de que la Biblia es el libro que nuestro Padre celestial ha dejado a Sus hijos para que lo conozcamos en intimidad y para que conozcamos el plan que Él tiene para rescatarnos de nuestro pecado a través de Jesús, podríamos empezar a mover las células de nuestro cuerpo en la dirección correcta.

La Biblia traza el camino hacia la intimidad con el Padre.

Pero hay algo más. Esta es una de las conclusiones a las que he llegado y que explica la razón para no sentir ninguna urgencia por leer la Biblia: Creo que es **porque en el fondo nos hemos conformado con la información bastante general que hemos aprendido sobre Dios.** ¿Sinceramente? Nos resulta indiferente saber más. Creemos que solo se trata de más de lo mismo y que no es un aporte significativo que cambiará nuestra percepción sobre quién es Él.

¿Qué es lo que sí nos interesa?

Que Dios haga lo que necesito.
Lo queremos a nuestro servicio.

Pero mira lo que la Biblia dice al respecto:

Porque de Él, por Él y para Él son todas las cosas.

(Rom. 11:36a)

¿Qué quiere decir? Que Dios no está a nuestro servicio, sino que nosotros le pertenecemos a Él. Este texto bíblico nos ubica en tiempo y espacio.

En otras palabras, no se trata de ti.
Se trata de Él.

Sí.
Ya sé.

Este es el momento donde queremos pelear las palabras de Pablo. Fíjate cómo lo explica C. S. Lewis:

> Dios nos hizo: nos inventó del mismo modo que un hombre inventa una máquina. Un coche está hecho para funcionar con gasolina, y no funcionaría adecuadamente con ninguna otra cosa. Pues bien, Dios diseñó a la máquina humana para que funcionara con Él. El combustible con el que nuestro espíritu ha sido diseñado para funcionar, o la comida que nuestro espíritu ha diseñado para comer es Dios mismo.[1]

¿Dónde nos dejan estas palabras? En que nuestra necesidad de Dios es mucho mayor de lo que hemos reconocido. Nos cuesta creer que esto sea verdad, tanto es así que en lugar de ir a Dios para encontrar verdadera satisfacción, estamos insistiendo en encontrar esa plenitud en el trabajo, en el matrimonio, con los hijos (o con la falta de ellos), con nuestras relaciones, con lo que poseemos, con cómo nos vemos y qué imagen estamos proyectando al mundo, con nuestra posición social o con cuánto dinero hay en nuestra cuenta bancaria. Lo

1. C. S. Lewis, *Mero cristianismo* (Nueva York: Rayo HCCP, 1995), 67.

cierto es que todo eso es una tarea infructuosa que nos deja más hambrientos, más frustrados y más amargados.

Porque dos males ha hecho Mi pueblo: Me han abandonado a Mí, Fuente de aguas vivas, y han cavado para sí cisternas, Cisternas agrietadas que no retienen el agua.

(Jer. 2:13)

En lugar de dedicarnos a estar con Aquel que es como un río que trae agua viva al alma, nos conformamos con la cisterna que retiene agua empozada y que además tiene grietas por donde se va perdiendo el agua. Tenemos la posibilidad en Jesús de recibir el agua viva, fresca, renovadora y satisfactoria… pero andamos insistiendo en el agua densa, sucia y que está mohosa por estar estancada.

¿Por qué insistimos neciamente?
Porque no hemos entendido que nos hizo para Él.
Quizás esa verdad es como una idea superficial en la mente y por eso no ha bajado hasta el corazón.

Uno de los más graves efectos de la caída ha sido separarnos de la gloria de Dios (Rom. 3:23), pero la obra redentora de Cristo nos ha devuelto lo que perdimos: estar unidos a Él y disfrutar del tesoro que es estar en Su presencia (Ef. 2:4-7).

Entonces, sí, de forma natural, en nuestro estado original no solo no sabemos quién es verdaderamente Dios, sino que tampoco nos interesa saberlo (Rom. 3:11).

Deja que esa realidad se asiente en tu corazón.

Las buenas noticias son que hemos sido salvados por Él y nuestra relación con Dios ha sido restaurada en la cruz. Ya no estamos en nuestro estado original, sino que ahora la presencia del Espíritu Santo está en nosotros y nos permite acercarnos a Él en intimidad y conocer Su corazón. Nunca se trató de nosotros, pero recién ahora podemos entenderlo. Ahora podemos ver la cruz y decir: ¿quién soy yo para que el Dios del universo quisiera salvarme de mis pecados y de una condenación sin Él? ¿Cómo he sido tan egoísta que mis ojos han estado clavados en mí y no me ha importado verlo a Él? ¿Cómo me he atrevido a creer en lo profundo de mi interior que me da lo mismo conocerlo más? ¿Cómo es posible que no me haya importado?

¡Con razón Pablo exclamaba: «¡Miserable de mí! ¿Quién me libertará de este cuerpo de muerte?» (Rom. 7:24)! ¡Con razón! ¡Me hace todo el sentido, puedo ver mi propia miseria!

Hemos buscado en el lugar equivocado desde que nacimos. La diferencia es que ahora nuestros ojos lo ven, ahora podemos darnos cuenta, ahora tenemos la claridad que no tiene el mundo sin Cristo. Por eso Pablo continúa su declaración y dice: «Gracias a Dios, por Jesucristo Señor nuestro» (Rom. 7:25a).

Es por Él y siempre ha sido en Él.

Conocerlo para amarlo

La Biblia es toda la revelación única, completa y necesaria que Dios ha dejado sobre sí mismo. Ella es la que transformará, aquietará nuestra alma y saciará nuestro corazón. No lo obtendrás nunca a través del conocimiento general, intelectual y a medias que hemos recibido a lo largo de la vida. Lo que debes hacer es abrir esas páginas sagradas y encontrarte cara a cara con Dios para que nuestra alma encuentre la satisfacción que siempre ha buscado.

No podemos conformarnos con información general sobre un Dios que es infinito.

Pero si aún no nos ha caído encima una pared que nos haga reaccionar, lo que necesitamos es regresar a nuestra comprensión del evangelio y recordar que hemos sido salvados de la condenación eterna. Hemos pecado sistemáticamente en contra de un Dios santo y no merecemos nada más que ser destruidos de inmediato, porque no solo somos pecadores, sino que somos necios en nuestros pecados, repitiéndolos una y otra vez, aun cuando sabemos el daño que produce lo que hacemos y la traición que significa ante nuestro Creador. Lo que merecemos es la destrucción fulminante. Pero Dios —¡ay, pero Dios!—, es tan compasivo y misericordioso, lento para la ira y tan grande en misericordia. No nos ha tratado como nos merecíamos, sino que asumió el peso de nuestro oscuro pecado para que nosotros no recibiéramos lo que merecemos: el castigo eterno lejos de Él.

Es incomprensible.
¿Ese amor inmenso?
No lo entiendo.

¿Pero sabes qué produce en mí? El deseo de querer más de ese Dios. Aquel que me ha amado a pesar de mí. Aquel a quien no le asusta lo que soy realmente en lo más profundo de mi corazón y conoce muy bien, sino que me extiende Sus manos perforadas y me abraza. El Señor disfruta con tenerme cerca y además me quiere cada día aún más cerca.

Es que no lo entiendo.
Simplemente no lo entiendo.
Pero lo que sí tengo claro es que no encuentro otro lugar más seguro que Él.
Que la vida en Él.

Entonces, mi respuesta es desear conocerlo en intimidad. Cerquita, muy cerquita, Él y yo. Quiero disfrutar de esa unidad sobrenatural que Jesús logró en la cruz a mi favor, de la cual yo solo aporté mi oscuridad, pero Él me dio el perdón y Su paternidad. Entenderlo me rompe el corazón en mil pedazos. No lo merezco. Pero lo tengo. Lo tengo para siempre, mi Amado es mío y yo soy suya (Cant. 2:16). Lo seré para siempre.

Suya para siempre.

¿Cómo no querer conocer a ese Dios? La información general y superficial que tenía sobre Él no movió lo más íntimo de mi ser en adoración porque no entendía el significado completo de la salvación. La información general aprendida no me lleva a rendirme por completo y con gozo. La información general no me convence de dejar atrás mis pecados.

Por eso Jesús lo dijo con claridad en Su oración al Padre: «Y esta es la vida eterna: que te *conozcan* a Ti, el único Dios verdadero, y a Jesucristo, a quien has enviado» (Juan 17:3, énfasis añadido). El grito eterno y silencioso de nuestra alma es por conocerlo a Él, recibir esa vida y para siempre. En la medida en que nos exponemos más a ese conocimiento, mayor será la transformación de nuestro mundo interior, más perderá valor todo lo demás y más se fijarán nuestros ojos en Aquel que lo dio todo por ti y por mí. Ese conocimiento nos transforma a tal punto que podemos acompañar a Pablo cuando dijo:

> … yo estimo como pérdida todas las cosas en vista del incomparable valor de *conocer* a Cristo Jesús, mi Señor. Por Él lo he perdido todo, y lo considero como basura a fin de ganar a Cristo, y ser hallado en Él, no teniendo mi propia justicia derivada de la ley, sino la que es por la fe en Cristo, la justicia que procede de Dios sobre la base de la fe, y *conocerlo* a Él, el poder de Su resurrección y la participación en Sus padecimientos, llegando a ser como Él en Su muerte, a fin de llegar a la resurrección de entre los muertos (Fil. 3:8-11, énfasis añadido).

Pablo estaba completamente loco o había descubierto el secreto de la vida. Si lo que Pablo dice es cierto, entonces estamos perdiendo el tiempo en nimiedades y estamos pasando por alto la razón por la que fuimos creados: «Porque de Él, por Él y para Él son todas las cosas» (Rom. 11:36a).

La pasión de Pablo, la seguridad con la que escribe, su renuncia con confianza y sin conflicto, me demuestran una y otra vez que la insistencia por llenar mi alma en esta tierra es en vano, acá no está la vida. Insistir de esa manera únicamente me romperá el corazón una y otra vez. Dios me creó para Él y Su diseño es que más temprano que tarde encuentre mi satisfacción en Él, porque recuerda que Jesús dijo que la vida estaba en conocer al Padre y a Él mismo.

Solo desde ese momento podremos cumplir el gran mandamiento de amar al Señor nuestro Dios con todo nuestro corazón, con toda nuestra alma y con toda nuestra mente (Mat. 22:37). Jamás llegaremos a este punto esforzándonos por hacerlo, nadie ama obligado. Amamos a quien conocemos, y si conocemos al Ser más bueno, santo, perfecto, amoroso, justo, misericordioso, compasivo y bello... ¿cuál otra podría ser nuestra respuesta? Solo la de morir de amor por Él.

Si aún no hemos llegado a ese punto es porque no lo conocemos lo suficiente, y no debido a que no sea digno de ser amado por ti de esa forma. Si no hemos llegado a este punto, es posible que esto revele que seguimos intentando encontrar el sentido de nuestra vida y la satisfacción... en otro lugar.

Sobrenatural

Exponernos al conocimiento de quién es Dios no nos deja igual, no puede dejarnos igual porque la Biblia no es un libro cualquiera. Son las páginas de las Escrituras las que una y otra vez, de forma sobrenatural, nos revelan en intimidad el corazón incomprensiblemente maravilloso de nuestro Dios.

Por eso es posible que hayas escuchado decir que mientras más tiempo pasamos en la Biblia, el hambre por ella crece más y más. Esto ocurre porque hemos encontrado el tesoro y el alimento que esas páginas revelan: el corazón de nuestro Dios. Una vez que lo hemos encontrado no queremos volverlo a dejar.

Jesús dijo que no solo viviríamos de pan, sino de toda la Palabra que sale de la boca de Dios (Mat. 4:4). Su Palabra es la que nos sostiene y nos da la fuerza para caminar en este mundo caído y doloroso. La respuesta a nuestra alma hambrienta no está en lo material, sino en las palabras que Dios tiene para ti (Juan 6:27). Son tan importantes, necesarias y fundamentales que Dios las ha preservado milagrosamente. Eso me hace unirme con asombro a las palabras de Lutero cuando dice que es un milagro que Dios haya preservado por tanto tiempo Su libro. Qué grande y glorioso es tener la Palabra de Dios.[2]

Ponte a pensar en lo que acabo de decir. No se trata de un libro cualquiera, lleva varios milenios siendo preservado. Es el libro más vendido de la historia. De hecho, los *Records Guinness* aseguran que solo en 2021 se vendieron más de cien millones de copias.[3] Filosofías han ido y venido a lo largo de la historia, ¿cuál permanece? La Biblia. La han quemado, prohibido y humillado, pero nadie ha logrado eliminarla. Sigue siendo el Libro de libros.

Es un libro compuesto de la forma más incomprensible posible y la única explicación coherente para esa composición perfecta es que se trate de una obra sobrenatural. Cuarenta autores humanos, distribuidos a lo largo de tres continentes diferentes, escrita a lo largo de 1500 años en tres idiomas

---

2. Martín Lutero, *Table Talk, Of God's Word, I,* https://www.ccel.org/ccel/luther/tabletalk.v.i.html.

3. *«La Biblia sigue siendo el libro más vendido del mundo», Infobae,* 2 de marzo de 2022, https://www.infobae.com/america/cultura/2022/03/02/la-biblia-sigue-siendo-el-libro-mas-vendido-del-mundo-en-2021-supero-los-100-millones-de-ejemplares-en-100-paises-y-23-idiomas.

distintos. Todos hablan de lo mismo. Todos narran la misma historia. Tiene más de sesenta y tres mil referencias cruzadas. Tiene que haber existido una mano, un Autor que sostuvo su creación, su edición y su compilación a lo largo de esos más de mil años. De otra manera no hay explicación. Como nadie vive 1500 años, levantamos los ojos al cielo y exclamamos junto a Lutero: ¡Es un milagro!

¿Su creación? Sobrenatural.
¿Su preservación? Sobrenatural.
¿Su poder para transformar vidas? Sobrenatural.

Como no es un libro cualquiera, no podemos tratarlo como tal. Este libro es una expresión de amor del Dios que nos ha salvado **para ser** nuestro Padre por toda la eternidad. A diferencia de otros dioses, nuestro Dios habla y se comunica. Frame dice:

> La palabra es tan importante que es el medio por el cual las Escrituras diferencian a Dios de los ídolos. Los ídolos son «mudos», pero Dios es por naturaleza «palabra»[4]; luego añade: el Padre es quien habla (Sal. 110:1; 147:4; Isa. 40:6), el Hijo es la Palabra (Juan 1:1-4; Apoc. 19:13) y el Espíritu es el aliento que lleva la palabra a su destino (Sal. 33:6).[5]

Tenemos a un Dios que está tan deseoso de darse a conocer y comunicarse con nosotros que nos dejó un libro que contiene más de 700 000 palabras para que lo conozcamos, vivamos íntimamente junto a Él y para que nuestro corazón sea alentado al decir junto a Pablo: «estimo como pérdida todas las cosas en vista del incomparable valor de conocer a Cristo» (Fil. 3:8a). Hemos encontrado la verdadera vida en ese conocimiento. Dios nos hizo para Él, por eso en Él la vida cobra

---

4. John M. Frame, *La salvación es del Señor* (Medellín, Colombia: Poiema Publicaciones, 2020), 55.
5. *Ibid.*, 55.

sentido, estabilidad, confianza y gozo por encima de nuestras circunstancias.

Nos ha salvado un Dios que nos amó de tal manera que entregó a Su propio Hijo para restaurar nuestro camino de regreso a Él. Su deseo de relacionarse con nosotros es tan grande que hasta ha venido a morar en nosotros y nos ha hecho Su templo.

¿Hay algo más íntimo que eso?
No existe.

Revisando el terreno

Dado que la Biblia no es un libro cualquiera y que su Autor tiene el propósito de revelarse a nosotros en cada página para que lo conozcamos y crezcamos en el mismo espíritu y deseo de Pablo, no podemos acercarnos a Él como si estuviéramos leyendo, por ejemplo, a Gabriel García Márquez.

Porque estas son las palabras eternas de mi Padre celestial,
Las palabras poderosas de mi Creador,
Las palabras vitales de Aquel que quiere llenar mi alma por completo.

Sin embargo, mientras vivamos en esta tierra, cada día nos enfrentamos a la realidad del pecado que aún habita en nuestra alma y sigue siendo un problema para nosotros. La lucha con nuestra carne será tan tangible que podrás verla al no querer acercarte a las Escrituras, y lucharás con reconocerlas y disfrutarlas como el tesoro que son. Tu lucha con el pecado te llevará a leerlas como parte de tu rutina y solo como una obligación sin fruto. Por eso es necesario que enfrentemos cada día nuestra condición caída, cara a cara, y la examinemos sin temor porque ya no tiene poder sobre nosotros.

Pero no estamos solos en esta tarea.
Contamos con la ayuda del Espíritu de Dios que mora en nosotros para que nos ayude a iluminar aquellas áreas que necesitamos ver y enfrentar.

Una de las parábolas de Jesús te provee una herramienta útil cada vez que te acerques a las Escrituras. La parábola del sembrador (Mat. 13:4-15; Mar. 4:1-20; Luc. 8:4-15) habla de cuatro terrenos distintos en los que cae una semilla. El sembrador es después identificado como el Hijo de Dios, Jesucristo. Al terreno se le identifica como el corazón humano y a la semilla como la Palabra de Dios. Si bien esta parábola explica cómo las personas pueden reaccionar al escuchar por primera vez las buenas noticias de salvación, también nos da información sobre los cuatro estados en los que puede encontrarse el corazón humano.

La primera semilla cae al lado del camino. En el camino la tierra no está trabajada, por ende, es dura. La semilla permanece en la superficie. Jesús dice que esa semilla rápidamente es devorada por las aves, quienes representan a Satanás. La segunda semilla cae en un terreno lleno de piedras, no echa raíces profundas, crece hacia arriba, pero al no tener raíces profundas rápidamente se seca. La tercera semilla cae en un terreno lleno de espinas, las cuales representan las preocupaciones y los deseos del mundo. Esa semilla es ahogada por todo lo externo y termina muriendo. Finalmente, la cuarta semilla cae en un terreno bueno, sin maleza y trabajado, donde puede echar raíces, crecer y llegar a producir fruto. Este terreno representa a aquellos que escuchan la Palabra, la aceptan y dan fruto.

Voy a usar la categorización que utiliza William Hendriksen[6] para representar estos cuatro terrenos, como los cuatro tipos de corazón a los que, por causa del pecado, aún estamos en

---

6. William Hendriksen, *Comentario al Nuevo Testamento: El Evangelio según San Marcos* (Grand Rapids, MI: Libros Desafío, 1979), 160-165.

peligro de desarrollar si no nos examinamos constantemente delante de Dios:

1. «Corazón insensible: aquel que trata con superficialidad la Palabra de Dios. Son oyentes frívolos que cooperan con el príncipe del mal. No hacen nada con el mensaje, no lo aprovechan para su propio bien. Tienen un espíritu de indiferencia e inclusive no quieren ser molestados por el mensajero».

2. «Corazón impulsivo: es la persona que actúa sin reflexionar. Acepta la palabra de inmediato, y hasta con gozo. Pero cuando vienen las pruebas, la aflicción y la persecución, rápidamente deja lo que había abrazado con entusiasmo».

3. «Corazón afanoso: está lleno de los trajines afanosos del día, oscurecido por sueños y riquezas y el deseo de otras cosas. Si un corazón como este intentase entrar en alguna reflexión o pensamiento serio de la Palabra de Dios, sería inmediatamente ahogado».

4. «Corazón sensible: este corazón no es duro, ni superficial, ni afanoso, sino que es receptivo y fértil. Oye porque quiere oír. Medita en lo que oye porque tiene confianza en Aquel que habla. Lleva el mensaje a la práctica y da fruto».

Dime tú si no permanecemos bajo el riesgo potencial de que nuestro corazón caiga en cualquiera de estas cuatro categorías. Pero, ¿cómo lo reconocemos si es que no lo sabemos?

El pecado nos puede endurecer tanto que nos hace insensibles a la Palabra de Dios. Podemos ser tan superficiales en nuestro conocimiento de las Escrituras que las pruebas nos hacen olvidar con demasiada facilidad todo lo que hemos leído y creído. Podemos tener al mundo y sus ofrecimientos en tan alta estima que ahogan nuestra fe con facilidad. Por el contrario, por pura gracia podemos dedicarnos a cultivar, en dependencia de Dios, un corazón sensible que esté dispuesto a dejar todo de lado para escuchar la Palabra de Dios y vivir lo que está aprendiendo.

Por esa razón yo quiero animarte a que cada día, antes de abrir tu Biblia, reflexiones sobre el estado de tu corazón y lo lleves delante de Dios, clamando por Su misericordia para que Él haga lo que tenga que hacer para ablandar ese terreno y preparar esa tierra, dejándola lista y fértil para recibir Su voz.

En el Apéndice A de este libro encontrarás una gráfica que contiene los cuatro corazones, verás que tiene una línea punteada en el borde, está lista para que cortes esa hoja y la pegues en la contratapa de tu Biblia. ¿Para qué? Para recordarte cada día de mirar cara a cara a tu corazón y distinguir junto al Espíritu de Dios su estado y tu condición.

Acercándonos a la Biblia correctamente

Hasta aquí hemos revisado las razones por las que necesitamos de la Palabra de Dios, el efecto que produce en nosotros y cómo debemos acercarnos a ella. Ahora entraremos en un terreno más práctico: ¿qué necesitamos tener en cuenta para leerla?

No quería terminar este capítulo sin antes abordar estos parámetros porque te darán el marco que necesitas para acercarte con orden y con la mirada correcta a las Escrituras.

En la primera parte hablaremos del corazón detrás de nuestra lectura bíblica y en la segunda parte veremos lo que debemos tener en cuenta para que nuestra lectura sea ordenada y correcta.

EL CORAZÓN DE MI LECTURA BÍBLICA

Como un hijo que necesita oír la voz de su Padre

Nuestra lectura bíblica no es solo una tarea más. Conocer a Dios y Su voluntad es nuestra mayor necesidad. En la medida en la que cada día reconozcas esa necesidad en toda su magnitud, leer la Palabra de Dios dejará de ser una tarea y se convertirá en una necesidad apremiante que debes satisfacer por tu bien. No somos huérfanos espirituales, tenemos un Padre que lo dio todo por amor a nosotros. Más de 700 000 palabras a nuestro favor, Su Espíritu en nosotros solo evidencia de forma muy clara Su deseo de tener una relación íntima con nosotros. Él no es mudo y tú ya no eres sordo.

Con un deseo genuino de escuchar Su voz

Si Papá habla, quiero escuchar con atención, quiero disponer todo en mí para atender Su voz. Eso quiere decir que haré lo que esté a mi alcance para eliminar distracciones y usaré herramientas que me ayuden a concentrarme. Si estoy distraída me detendré y le pediré Su ayuda. Pero no volveré a tomar a la ligera el milagro de escucharlo.

Con hambre por conocerlo más para amarlo mejor

¿Te imaginas cuánto más amor tendríamos por el Señor si entendiéramos cada vez más quién es Él? Si alguna vez te has enamorado piensa cómo te derretías de amor por esa persona cuando al inicio veías con suma atención todo lo bueno. Mi profesor de redacción en la universidad decía que en las primeras etapas del enamoramiento somos los mejores marketeros y que después empieza a revelarse la realidad. Dios no se marketea, Dios es maravilloso siempre, porque esa es Su esencia, Él es perfectamente bueno, amoroso, misericordioso, lleno de gracia, justo, protector... e infinitamente más.

Dios nunca te va a decepcionar porque Él es santo. Entonces, conócelo, dedícate a conocerlo, porque la única respuesta posible al descubrirlo en Su Palabra cada día es caer rendidos de amor por Él y llenarnos de deseos fervientes de vivir solo para Él.

Para encontrar a Cristo

El propósito de nuestra lectura bíblica no es aumentar nuestro conocimiento sobre las historias que se desarrollan en las Escrituras. El objetivo final es encontrarnos con Jesús: nuestra vida eterna. Él confrontó a los fariseos de su época diciéndoles:

Ustedes examinan las Escrituras porque piensan tener en ellas la vida eterna. ¡Y son ellas las que dan testimonio de Mí! Pero ustedes no quieren venir a Mí para que tengan *esa* vida.

(Juan 5:39-40)

Lee de nuevo esa última oración: «ustedes no quieren venir a Mí para que tengan vida eterna». ¡*Auch*! Cada vez que leemos la Palabra sin el deseo de encontrar a Cristo revelado, entonces lo más probable es que estamos leyéndola con otro deseo. No importa cuál sea, Jesús dice que no es el correcto ni el principal.

Las palabras de Jesús me hicieron pensar profundamente en que, si me acerco a las Biblia para buscar cualquier otro beneficio que no sea Jesús mismo, debo levantar una bandera roja gigantesca, porque si Jesús no es mi motivación al leer la Palabra, no lo será en ningún otro aspecto de mi vida.

LA FORMA DE MI LECTURA BÍBLICA

Con Cristo en el centro

La Biblia habla de Jesús desde Génesis hasta Apocalipsis. Para mí fue muy impactante descubrir esta verdad. Cambió por completo mi lectura y me ayudó a ver a Jesús detrás de cada página. Todo se trata de Él. Cristo mismo tuvo ese énfasis al hablar con los discípulos en el camino a Emaús: «Comenzando por Moisés y *continuando* con todos los profetas, les explicó lo referente a Él en todas las Escrituras» (Luc. 24:27).

Nancy Guthrie, maestra de la Biblia, me enseñó hace unos años a afinar mis ojos para encontrar el camino hacia Cristo en el texto bíblico. Te dejo algunas preguntas útiles para guiar tu lectura:

- ¿Este es un problema que Cristo puede solucionar?
- ¿Esta es una promesa que solo Cristo puede cumplir?
- ¿Esta es una necesidad que solo Cristo puede satisfacer?
- ¿Esta es una historia que solo encuentra su final en Cristo?
- ¿Esta persona prefigura un aspecto que Cristo cumplirá o logrará?
- ¿Este evento o símbolo ilustra un aspecto que Cristo será o logrará?
- ¿Esta es una revelación preencarnada de Cristo?[7]

Estas preguntas nos ayudan a ver cómo la Palabra siempre está apuntándonos al Consumador de nuestra fe.

---

7. Nancy Guthrie, *Christ-centered teaching*, The Gospel Coalition: «The Women's cohorts», octubre de 2023, curso *online*.

Entendiendo que se trata de una sola historia

El Autor divino de las Escrituras fue tejiendo una historia que tiene inicio y final. Toda la Biblia cuenta una sola historia: el plan de redención a través de Jesucristo para salvar a los peores pecadores, como tú y como yo. Sí, Levítico también habla de eso. Cuando entendemos que la Biblia narra una sola historia y que cada libro va contribuyendo a construirla, entonces todo empieza a cobrar sentido, como si fuera un gran rompecabezas que va revelando una sola imagen.

Me gusta mucho la selección de palabras que utiliza Guthrie para explicar las cuatro partes generales de la gran historia bíblica:

- La creación.
- La rebelión.
- La redención.
- La consumación.[8]

Cada libro de la Biblia se encuentra en una de estas partes, nuestro trabajo es identificar en cuál se encuentra el libro de la Biblia que estamos leyendo para saber cómo lo entendemos dentro del plan redentor de Dios.

Respetando el orden del libro

Puede que la siguiente explicación te parezca tan obvia que te sorprenda que la explique, pero creo que hay varios que pueden unirse a mi club. Cuando yo conocí al Señor creía que podía leer los libros de la Biblia empezando por la mitad o por la parte que quisiera. Creía que cada subtítulo hablaba de un tema independiente y podía apartarlo del resto del libro.

Demasiado grande fue mi sorpresa cuando me enseñaron que cada libro tiene coherencia y sentido cuando se lee de inicio a

---

8. Nancy Guthrie, *Curso de teología bíblica para mujeres*, marzo de 2023, Ciudad de Guatemala.

fin. No puedo abrirlo donde a mí me plazca, porque es como si empezara a leer un correo de la mitad para abajo, porque así me provocó. De inicio a fin, solo de esa forma puedo entender el sentido completo que el autor quería transmitir. Solo así seré librada de sacar un texto fuera del contexto en el que fue escrito y podré ser fiel al mensaje que Dios quería comunicar, en lugar de tomar de aquí y de allá solo para que el texto diga lo que yo quería decir (porque sí, así somos).

Sin pausa, pero sin prisa

Esa frase me la dijo Pepe Mendoza cuando reflexionábamos sobre este punto. ¿Qué tan rápido debemos leer la Biblia? Los planes de lectura bíblica anuales incluyen hasta cuatro capítulos al día. Tengo una opinión que puede que no todos compartan: no tienes que ir a ese ritmo. No tienes que leer toda la Biblia en un año. No al inicio. El problema es que podrías correr el riesgo de leer por leer.

Lo que necesitas, en primer lugar, es leer comprensivamente. Eso quiere decir que es posible que cuatro capítulos sea demasiado material para digerir para ti. Quizás sea mejor que dividas tu lectura en dos momentos del día. No lo sé. Lo que quiero decir es que no es necesario que atropelles tu lectura porque el riesgo más grande es que termines tomando la Palabra de Dios como si fuera *La ciudad y los perros*.

Vuelve a darle una mirada rápida al corazón de tu lectura: ¿por qué estás leyendo? ¿Qué libro estás leyendo? Nadie te apura. Lo que debes buscar es desarrollar cada vez más la capacidad de volverte un mejor lector bíblico. Pero hazlo en paz, con el corazón bien fertilizado, con las motivaciones definidas y sigue avanzando, porque conocer a Cristo es tu meta y nada debe detenerte hacia ese fin. Es cierto, puede que leas más lento, pero no dejas de avanzar.

Dónde estoy hoy

Como ya has notado, este no es un libro que solo quiere informarte, sino que quiere hacerte lector interactivo, ¿para qué? Para que sea más fácil para ti aplicarlo en tu caminar diario. No sé tú, pero me pasaba que al cerrar los libros que leía olvidaba gran parte de sus mensajes. Por eso he diseñado a lo largo del libro ejercicios que tienen el objetivo de involucrarte más en la lectura y puedas evaluar cómo está tu corazón y dónde estás hoy.

Vamos directo a la vena, rellena las barras de acuerdo con qué tanto reflejen tu motivación para leer la Biblia. Cada una de ellas puede reflejar en cierta medida tu corazón:

Leo por rutina					
Leo porque si no me siento culpable					
Leo porque lo necesito					
Leo porque quiero amarlo más					

Hemos visto la necesidad de conocer nuestro corazón, pero también nuestras motivaciones. Por eso quiero dejarte unas preguntas, las cuales encontrarás en el Apéndice B. También puedes cortar esta hoja y pegarla en tu Biblia o puedes copiar y escribir las preguntas en ella. Que estas preguntas sean cada día parte de tu autoevaluación antes de entrar a leer la Palabra de nuestro buen Dios:

¿Por qué estoy leyendo mi Biblia hoy?

- Porque es parte de mi rutina.
- Para no sentirme culpable.
- Para escuchar la voz de Dios.

- Porque necesito de Dios.
- Porque quiero amarlo cada día más.

La respuesta no es solo una, pueden ser varias a la vez. Pero ¿qué propósito tiene autoevaluarnos cada día antes de entrar a Su Palabra? Necesitamos saber dónde estamos para ir primero ante el trono de la gracia y encontrar la ayuda oportuna para que nuestros ojos sean abiertos ante el pecado que nos endurece, para que Su Espíritu nos convenza de aquello que nos falta y podamos hacer lo que sea necesario para arrepentirnos y rendirnos a Sus pies. Así el Sembrador podrá encontrar tierra fértil y lista para recibir la semilla de vida.

¿Cómo estamos en el fondo y la forma de nuestra lectura bíblica? Revisemos primero las razones y motivación. Verás que cada frase tiene al lado un corazón, el cual representa cuánto sientes que esta verdad sea real para ti, y encontrarás también un cerebro, el cual representa cuánto entiendes esta verdad. En este pequeño ejercicio de autopercepción quisiera que rellenes el gráfico de abajo hacia arriba, simbolizando de menos a más:

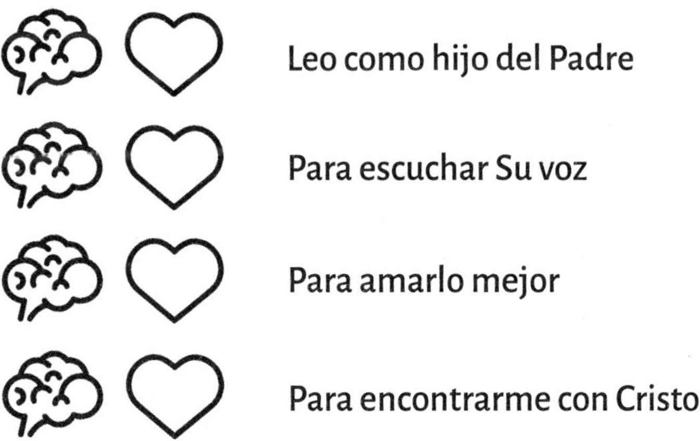

Ahora revisaremos cómo estamos en la forma en la que debemos leer la Biblia. Puedes marcar la expresión que más refleje tu entendimiento sobre esta verdad:

Ordenando nuestro tiempo con Dios

Nos hemos evaluado y quizás hemos descubierto que algunas áreas necesitan ciertos ajustes. No te distraigas, recuerda que nuestro objetivo no es poner cargas nuevas sobre nosotros, sino ordenar nuestro corazón y nuestros hábitos para limpiar las calles que nos lleven hacia una intimidad con Él.

Entonces, quiero darte algunas herramientas prácticas para que puedas «ponerte» al día en las áreas que te falta ordenar y entender:

En cuanto al corazón y el fondo de nuestra lectura:

– Si tu comprensión de ser hijo de Dios se siente muy lejana, quisiera dejarte tres textos bíblicos no solo para que los leas, sino para que en los próximos días los ores y reflexiones intencionalmente sobre ellos. Llévalos delante de tu Padre celestial y pídele ayuda para que esta información pueda cobrar vida en tu corazón:

> Pues ustedes no han recibido un espíritu de esclavitud para volver otra vez al temor, sino que han recibido un espíritu de adopción como hijos, por el cual clamamos: «¡Abba, Padre!». (Rom. 8:15)
>
> Pero cuando vino la plenitud del tiempo, Dios envió a Su Hijo, nacido de mujer, nacido bajo *la* ley, a fin de que redimiera a los que estaban bajo *la* ley, para que recibiéramos la adopción de hijos. Y porque ustedes son hijos, Dios ha enviado el Espíritu de Su Hijo a nuestros corazones, clamando: «¡Abba! ¡Padre!». (Gál. 4:4-6)
>
> Todo aquel que confiesa que Jesús es el Hijo de Dios, Dios permanece en él y él en Dios. Y nosotros hemos llegado a conocer y hemos creído el amor que Dios tiene para nosotros. Dios es amor, y el que permanece en amor permanece en Dios y Dios permanece en él. En esto se perfecciona el amor en nosotros, para que tengamos confianza en el día del juicio, pues como Él es, así somos también nosotros en este mundo.
>
> En el amor no hay temor, sino que el perfecto amor echa fuera el temor, porque el temor involucra castigo, y el que teme no es hecho perfecto en el amor. (1 Jn. 4:15-18)

– Si nunca has visto la historia de la Biblia como una sola historia o te cuesta mucho verla de esa forma, déjame recomendarte algunos recursos que pueden ayudarte a poner los primeros cimientos para desarrollar este entendimiento:

1. En YouTube puedes encontrar los videos de *Proyecto Biblia*. Esta organización ha hecho un trabajo extraordinario en mostrar de forma gráfica la historia bíblica. Para nuestros propósitos puedes buscar los siguientes videos:
   - *La Historia de la Biblia.*
   - *Resumen del Antiguo Testamento: un panorama completo animado.*

- *Resumen del Nuevo Testamento: un panorama completo animado.*

Estos videos son una muy buena inversión de tu tiempo y te serán de muchísima ayuda para ubicar los libros de la Biblia en la parte de la historia que les corresponde. Ahora, si te gusta leer, aquí te dejo algunas recomendaciones de libros que enseñan el gran panorama bíblico para que puedas entenderlo con mayor detalle:

2. *El gran panorama divino: La Biblia de comienzo a fin*, de Vaughan Roberts.
3. *El Dios que está presente*, de D. A. Carson.
4. *Una gran historia: Cómo ver a Dios en la Biblia y no solo leer de Él*, de Josué Ortiz.

Con el resto de los puntos déjame darte este consejo. En las páginas anteriores te he dado herramientas que te van a ayudar a revisar tus motivaciones, el estado de tu corazón y confrontar tu hábito de leer la Biblia. No dejes de usarlas; nos creemos mejor de lo que somos y esas pequeñas preguntas pueden exponer un poco más de lo que hay dentro. Necesitamos examinar nuestro corazón con detenimiento. Aunque asusta lo que vamos a encontrar, recuerda que no estás solo. Dios es el más interesado en transformar tu vida para Él, déjalo trabajar en ti.

Recuerda que es pecado saber lo que tienes que hacer y no hacerlo (Sant. 4:17). El pecado endurece nuestro corazón, y si no estamos conscientes de nuestro pecado, nuestro corazón se endurecerá a un ritmo mucho más rápido. Nada en esta vida vale tanto la pena como para que lo elijas por encima de Dios.

Si estás leyendo este libro es porque reconoces que necesitas volver a encender tu corazón en amor por Dios.

Deja lo que tengas que dejar.
Confiesa lo que está entorpeciendo tu camino.

Arrepiéntete y déjalo.

Aunque parezca imposible, Dios está presente,
ora y pídele ayuda.

No estás solo.

Estamos ordenando y construyendo nuestro camino hacia una intimidad ferviente con el Padre. No caminamos solos, no lo olvides.

CAPÍTULO 5
DESPERTANDO EL CORAZÓN

Hay una instrucción que Dios les ha dado a todos Sus hijos para que cuando la desarrollen en sus vidas sean llevados directa e íntimamente al corazón del Padre. Satanás aborrece esa instrucción y me atrevo a decir que ha ido ganando la batalla contra ella con bastante éxito desde hace casi cinco siglos hasta hoy.

Espero haber captado tu atención.

Los puritanos,[1] quinientos años atrás, reconocieron y entendieron tal instrucción. Al punto de que se levantaron como una generación que luchó por reestablecerla nuevamente en la dinámica de la vida cristiana diaria.

De lo que estoy hablando es nada menos que de la meditación bíblica.

¿Meditación bíblica? ¿Eso existe?

Sí, ya sé, hemos perdido tanto esa batalla que hasta el término lo hemos entregado y algunos movimientos, como el de la Nueva era,[2] se han apropiado de este concepto. Ahora solo

---

1. El puritanismo fue un movimiento inglés entre los siglos XVI y XVII que tenía como principal objetivo centrar la Iglesia de Cristo en las Escrituras «purificándola» de las influencias del catolicismo romano. Lee más sobre ellos en el artículo de BITE Project: «¿Quiénes fueron los puritanos y por qué son tan influyentes?», https://biteproject.com/puritanismo.

2. La Nueva era es un movimiento que nació alrededor de 1970 y se caracteriza por la autoexploración, la sanidad espiritual y la conexión con lo «divino» a través de prácticas como la meditación, la astrología y el misticismo.

se escucha de la meditación como una práctica mística no cristiana, como la Meditación trascendental,[3] y que pareciera permitir llegar a estados de consciencia plena a través de lo que sería como un vaciamiento de la mente.

Sin embargo, la meditación es una práctica bíblica que fue instituida por Dios en Su Palabra desde hace más de tres mil años. Mientras que algunos instructores de la meditación no bíblica llevan a sus seguidores a vaciar la mente para alcanzar estados de relajación y calma, Dios nos llama a llenar nuestra mente con las palabras que han salido de Su boca para reflexionar en ellas y tener una vida fructífera. Ambas prácticas se denominan «meditación», pero son radicalmente diferentes en su significado y propósito.

Los puritanos decían que las personas ya no pensaban profundamente hace medio milenio atrás. Cada vez que pienso en esa frase me pregunto qué dirían de nosotros si vieran cómo estamos viviendo hoy en día. ¿Recuerdas los primeros capítulos? Vivimos acelerados y entretenidos. Estamos siendo entrenados con éxito para hacer *scrolling* mental. Nada en profundidad. La pelotita de *pinball* de nuestros pensamientos va de un lado al otro, sin parar.

La estrategia ha funcionado.
Ya no pensamos profundamente.

Esos hombres piadosos percibieron esa realidad en sus iglesias 500 años atrás y fue tan alarmante reconocerlo que escribían, enseñaban y exhortaban al pueblo de Dios con regularidad sobre la meditación bíblica. La ordenaron, sistematizaron y la explicaron. Una y otra vez. Si buscas material sobre meditación bíblica encontrarás que muy poco se ha escrito en nuestros tiempos. El contenido más profundo y serio sobre el tema lo desarrollaron los puritanos y tristemente casi todo está en inglés.

---

3. Fue creada alrededor de los años 50 por Maharishi Mahes Yogi y alcanzó la fama alrededor del mundo en los años 70.

Meditar en la Palabra de Dios no es simplemente cumplir una tarea más que Dios ha puesto sobre nuestros hombros. Por el contrario, es la llave que hace que la Palabra leída cobre vida en nuestro interior. Es el botón que faltaba presionar para que el texto bíblico sobrecoja todo lo que soy y despierte cada célula delante de la presencia de Dios.

No hay puritano que haya hablado de la meditación bíblica que no haya dicho que era como el fuego que encendía nuestros corazones. Dicho de otro modo: nuestra lectura en la Palabra coloca la leña, pero la meditación la enciende.

¿Habrá algo más poderoso que una vida encendida en el poder del Espíritu Santo?
¿Habrá algo que impacte más este mundo que un corazón que arde por Dios?
No. Porque esa vida inflamada por la Palabra estará dispuesta a hacer lo necesario para honrar a Dios en su caminar y el mundo a su alrededor será influenciado y marcado por ese andar.

Por eso Satanás detesta tanto la meditación que se le opone por completo. Thomas Watson, uno de los puritanos que más escribió respecto a ella decía:

> El diablo es un enemigo de la meditación, él sabe que la meditación es un medio para componer el corazón y traerlo a un estado de gracia... Satanás está contento mientras que seas un cristiano que escucha y ora, siempre y cuando no seas un cristiano que medita. Él puede soportar tus pequeños disparos, siempre que no pongas esa bala en ellos.[4]

No puedo negarte que tengo un nudo en mi garganta mientras escribo estas palabras. Estamos perdiendo esta batalla. David Saxton dice que hemos sido convencidos de que no

4. Thomas Watson, *Gleanings from Thomas Watson*, ed. Hamilton Smith (1915; reimp. Morgan, PA: Soli Deo Gloria, 1995), 103.

necesitamos pelearla,[5] pero yo voy más allá, porque ni siquiera sabíamos que era relevante para nosotros y que la necesitamos desesperadamente. No es tema de conversación entre los creyentes de hoy, tanto así que les hemos entregado por completo el término a otras filosofías y no nos ha movido ni siquiera el pelo.

Lo preocupante es que, en la medida en que empezamos a entender la urgencia y sus implicancias, nos damos cuenta de que llegamos a esta batalla en desventaja. Satanás, el enemigo frontal de nuestra alma, ha ganado tanto terreno que ha logrado que nos entrenemos para pensar solo superficialmente y que se nos haga incómodo y difícil pensar algún tema en profundidad.

No voy a dorar la píldora, empezar a hacer esfuerzos mentales más allá de lo que estamos acostumbrados va a ser un gran desafío. Por eso empecé este libro de la forma en que lo hice. Será imposible enfrentarnos al glorioso llamado de la meditación mientras vivimos a toda velocidad y seguimos entrenando nuestra mente en la superficialidad del entretenimiento para mantenerla distraída.

Sí, nos toca hacer los cambios necesarios.
No hay espacio para la autocompasión.
Tampoco para lamentarnos porque nunca lo escuchamos hasta ahora.

Tenemos que hacernos responsables de lo que nos toca. A pesar de que hablar de la meditación no es una conversación en la iglesia actual, la Biblia sí lo repite una y otra vez, y la realidad es que se trata de nuestro gran punto ciego como Iglesia.

---

5. David W. Saxton, *God's battle plan for the mind* (Grand Rapids, MI: Reformation Heritage Books, 2015), 6.

El llamado bíblico a meditar

Las Escrituras muestran por primera vez a Dios instituyendo esta disciplina en el libro de Josué, antes de que él iniciara su tarea de conquista de la tierra prometida:

> Este libro de la ley no se apartará de tu boca, sino que *meditarás* en él día y noche, para que cuides de hacer todo lo que en él está escrito. Porque entonces harás prosperar tu camino y tendrás éxito. (Jos. 1:8, énfasis añadido)

David, el gran rey de Israel, toma posteriormente estas palabras y las amplifica cuando dice lo siguiente:

> ¡Cuán bienaventurado es el hombre que no anda
> en el consejo de los impíos,
> Ni se detiene en el camino de los pecadores,
> Ni se sienta en la silla de los escarnecedores,
> Sino que en la ley del SEÑOR está su deleite,
> Y en Su ley *medita* de día y de noche!
> Será como árbol plantado junto a corrientes de agua,
> Que da su fruto a su tiempo
> Y su hoja no se marchita;
> En todo lo que hace, prospera.
> (Sal. 1:1-3, énfasis añadido)

Lo primero que quiero que observes de ambos textos es que los dos autores están destacando que la ley del Señor permanece en ellos de forma activa. El primer texto dice que «no se apartará de tu boca». Se me hace imposible dejar de recordar las palabras de Jesús cuando dijo que de la abundancia del corazón hablaría la boca (Mat. 12:34). Podría decir, entonces, que Dios estaba diciendo que para que la boca de Josué no se apartara de Su ley, su corazón tenía que abundar en ella.

El segundo texto dice que el hombre justo «no anda en el consejo de los impíos», es decir, que el hombre piadoso no está atento a escuchar ni seguir al mundo, sino que está, como lo dice más adelante, atento a la ley de Dios, siempre dispuesto a escuchar a Dios en las Escrituras. Vemos una progresión del texto de Josué al de David. Pareciera que David había puesto en práctica las palabras que Dios le da a Josué: la ley del Señor no solo no se ha apartado de su boca, sino que David descubrió que en ella había deleite al permanecer en la Palabra de Dios.

Ambos textos llaman a meditar en Su ley de día y de noche. Este llamado tiene que hacer que nos detengamos. Estamos acostumbrados a incluir a la Biblia en algún momento del día, durante nuestro conocido «tiempo devocional». Puede durar unos cinco minutos en promedio si luchas por concentrarte o cuarenta y cinco si has desarrollado un hábito estable con los años. Sin embargo, la expectativa que ambos textos presentan va mucho más allá de un momento al día.

Espera, Majo, entonces, ¿no se trata de una *tarea* que debo cumplir en un momento del día para luego pasar a las siguientes?
No.
Dios nos está diciendo que estar *en* la Palabra no debe ocupar «un momento» del día.
Debe ser **nuestra vida**.

Quisiera poner esas últimas dos palabras en rojo, resaltadas y en tamaño setenta.

La meditación en la Palabra de Dios no es nuestra tarea diaria, porque la Palabra de Dios es nuestro aire para respirar. Es nuestra mayor necesidad. Son las palabras que salen de nuestro Padre celestial que nos abrazan, nos sostienen, protegen, transforman y nos libran de nosotros mismos y del mundo.

¡Qué poco las hemos tenido en cuenta!
¡Señor, perdónanos!
¡Cuánto las hemos denigrado al convertirlas en una tarea del día, cuando en realidad son nuestra vida!

Dios no nos ha dado Sus palabras para diez minutos al día, sino para retenerlas y tenerlas dando vuelta en la mente todo el tiempo que estemos despiertos.

¿Por qué?

«Porque entonces harás prosperar tu camino y tendrás éxito», dice Dios. Porque «será[s] como árbol plantado junto a corrientes de agua, que da su fruto a su tiempo y su hoja no se marchita; en todo lo que hace[s], prospera[s]», dice Dios a través de David.

Meditar en Su Palabra guarda tu corazón y, en consecuencia, tu camino. Meditar en Su Palabra te cuida de ti mismo. Estamos hablando de la disciplina poderosa que toma la Palabra portentosa de nuestro Dios y la fructifica en nuestro interior para que cumpla Su propósito en nuestras vidas. El resultado será que vivirás la vida para la que Dios te creó. Serás librado de ti mismo. Podrás alcanzar la vida exitosa y próspera que tu Padre quiere que vivas.

Por eso, Morgan te aconseja: «si usted es un tanto alérgico a la meditación, bueno… supérelo».[6] ¿Sabes la razón? Porque la Biblia no nos deja escaparnos de la meditación. Es tan necesaria que la Biblia hace referencia directa a ella más de 450 veces. Los hijos de Dios deben ser conocidos por desarrollar una mente profunda en los asuntos de su Padre, porque ese es el medio que Dios ha diseñado para que nuestro corazón sea transformado.

Dios no ha creado hijos que sean como robots que solo requieren del cambio de la programación de sus sistemas para que cambien. Dios ha creado hijos con voluntad, razonamiento y emociones. Los ha revivido y despertado espiritualmente para

6. Robert J. Morgan, *Recuperemos el arte perdido de la meditación bíblica* (Nashville, TN: Editorial Vida, 2020), viii.

que puedan verlo y relacionarse con Él. Estos hijos serán transformados en la medida en la que ellos se dediquen intencionalmente a llenar su mente con las palabras que les dan su nueva identidad, luego a través de la reflexión profunda permiten que estas palabras impacten cada área de su corazón, y finalmente esta nueva identidad sea revelada en su andar.

Robert J. Morgan contabilizó todas las veces en que la Biblia se refiere a la meditación y al hacerlo muestra el tremendo punto ciego con el que hemos caminado hasta ahora:

> Hay muchas referencias a la meditación, la reflexión y el pensamiento en la Biblia, animándonos a dedicar nuestros pensamientos a Su Palabra. De hecho, las palabras *meditar* y *meditación* aparecen 21 veces en la Biblia; las palabras *pensar* y *pensamientos*, 252 veces. *Mente* se menciona 163 veces, y la palabra *reflexionar* se halla 9 veces.[7]

El Antiguo Testamento utiliza dos palabras principales para referirse a la meditación o reflexión de las Escrituras. La primera, *jagá,* se refiere a una tarea interna en el corazón. La segunda, *síakj,* se refiere a la acción que externaliza la reflexión. En ambos casos expresa un proceso reflexivo de la Palabra de Dios en la mente y el corazón.

Por otro lado, el Nuevo Testamento lo presenta de una forma un tanto diferente con otro grupo de palabras. Hay una exhortación constante a «considerar», «tomar en cuenta», «pensar seriamente» y «recordar» la Palabra de Dios. Saxton explica que la meditación en el Nuevo Testamento es un aspecto clave para la renovación piadosa de la mente. También se utiliza como el medio principal para animar a los cristianos a perseverar.[8]

---

7. Morgan, *Recuperemos el arte perdido de la meditación bíblica*, vii. Obtenidos de los títulos y textos de la Nueva Versión Internacional.
8. David W. Saxton, ed., *God's battle plan for the mind*, 29.

Para ser como Él y amarlo más

A Dietrich Bonhoeffer se le preguntó por qué meditaba y él respondió: «porque soy cristiano».[9] Añadió: «de tal modo que cada día en el que no me adentro con más profundidad en el conocimiento de la Palabra de Dios en la Santa Escritura, es un día perdido para mí».[10]

Bonhoeffer había descubierto el valor que tenía meditar en las Escrituras porque a través de esta disciplina estaba descubriendo quién era Dios y cuáles eran Sus propósitos, a tal punto que llegó a decir que estaba desperdiciando su día cuando no meditaba.
¿Para ti qué es desperdiciar tu día?

Cuando conocemos cuál es el gran mandamiento de la ley: «Amarás al Señor tu Dios con todo tu corazón, y con toda tu alma, y con toda tu mente» (Mat. 22:37), entendemos que es un verdadero desperdicio para nuestras vidas hacer cualquier otra cosa que no sea en favor de crecer en ese amor.

La meditación bíblica tiene dos grandes propósitos que colaboran activamente con nosotros para aumentar cada día nuestro conocimiento y amor por Dios. El primero «implica llenar la mente de Dios y de Su verdad».[11] Por el contrario, la idea contemporánea y popular de meditación nos anima a vaciar por completo la mente para alcanzar ciertos estados de bienestar. Dios no te quiere con una mente en blanco y relajada, sino que llenes tu mente con Su verdad poderosa, descubras quién es Él y seas así transformado y fortalecido en medio de tus circunstancias.

Donald Whitney hace una analogía excelente para entender mejor cómo luce el proceso de meditación:

---

9. Dietrich Bonhoeffer, *Meditating on the Word*, 22.

10. *Ibid.*, 22.

11. Donald S. Whitney, *Disciplinas espirituales para la vida cristiana* (Carol Stream, IL: Tyndale House Publishers, 2016), 51.

> Leer, estudiar y memorizar la Palabra de Dios son como las zambullidas adicionales de la bolsita de té en la taza. Mientras más veces entre el té en el agua, más penetrante será su efecto. La meditación, sin embargo es como sumergir completamente la bolsita y dejarla en remojo hasta que todo el sabor intenso del té se haya extraído y el agua esté completamente castaño-rojiza. Meditar en las Escrituras es dejar que la Biblia se remoje en la cabeza.[12]

Teñir nuestros pensamientos con las Escrituras hace realidad en nosotros las palabras de Dios en el Salmo 1 y el mensaje a Josué. Nuestros pensamientos son transformados a los de Dios a través del poder de la Palabra, guiándonos a vivir las vidas que Él quiere que vivamos, guardando nuestro caminar y experimentando el bienestar de una vida bien vivida según el estándar de Dios.

Por eso Pablo dice que necesitamos ser transformados mediante la renovación de nuestra mente para no adaptarnos a este mundo, porque solo así podríamos verificar cuál es la voluntad de Dios (Rom. 12:2).

¿Quieres saber cómo piensa Dios?
Tiñe tu mente con Su Palabra.
Eso no se logra solo memorizando las Escrituras.
No se logra solo con una lectura superficial esporádica.
Teñir por completo toma tiempo.
Teñir es insistir sobre algo hasta que se impregne en el nuevo «material».
Eso solo se logra cuando pensamos profundamente en la Palabra.

Pero hay un segundo propósito por el cual meditamos. Debo reconocer que es mi favorito y la razón por la que este libro lleva el nombre que lleva. La meditación bíblica es el instrumento que Dios ha instituido para despertar en nuestro corazón afectos sublimes por Él.

---

12. *Ibid*, 51.

En español:

La meditación despierta tu amor por Dios.

Es un milagro tan grande y tan glorioso que me vuela la mente cada vez que lo experimento en mi propia vida.

Mis amigos, los puritanos, se dedicaron a poner por escrito este efecto tan glorioso que la meditación produce en el alma. Permíteme compartirte algunas frases de Thomas Watson:

> La meditación es aislar el alma de sí misma, de tal manera que, al pensar de forma seria y solemne sobre Dios, el corazón sea elevado a afectos celestiales.[13]
>
> La meditación nos deja en un estado sagrado. Derrite nuestro corazón cuando está congelado y lo hace caer en lágrimas de amor.[14]
>
> [La meditación] opera en los afectos, calienta el corazón y lo hace más santo.[15]

Este último es precisamente el aspecto milagroso y glorioso de la meditación bíblica.

Si bien necesitamos que nuestra mente sea renovada al ser teñida con las Escrituras, como dice Whitney, el tesoro más alto de esta disciplina es realizar el milagro de darnos un corazón que se derrite de amor por Dios.

¿Cómo es posible que esto suceda? Bueno, la Biblia declara sobre sí misma que no es un libro cualquiera, sino que es como fuego y martillo que quebranta la piedra (Jer. 23:29). Es tan

---

13. Thomas Watson, *Meditation: A Christian on the Mount*, edición para Kindle, POS 136.
14. *Ibid.*, POS 195.
15. *Ibid.*, POS 666.

viva y eficaz que tiene el poder de calar hasta lo más profundo del alma, llevándonos a discernir nuestros pensamientos y nuestras intenciones (Heb. 4:12).

Entonces, estamos hablando de un libro sobrenatural,
uno que tiene poder porque es la voz del Dios todopoderoso.
Por eso, cuando reflexionamos
y pensamos profundamente en estas palabras vivas,
es inevitable que algo sobrenatural ocurra en tu alma.

¿Lo estás viendo?

Cuando meditas le das el espacio a las palabras de Dios para cobrar vida dentro tuyo.

Por eso el rey David utilizó nueve veces la palabra «vivifícame»[16] asociándola directamente a la Palabra de Dios. El hombre que había dicho que su deleite estaba en la ley de Dios y que por eso meditaba en ella de día y de noche, había descubierto que ese mismo Dios tomaba Su voz para traer a la vida nuestro corazón seco.

Postrada está mi alma en el polvo;
Vivifícame conforme a Tu palabra.

(Salmo 119:25)

Quiero que puedas darte cuenta de que David no está separando a Dios de Su Palabra. David no está exaltando a las Escrituras lejos o aparte de Dios. David no dice: «¡Biblia, vivifícame!». Lo que está diciendo es que sea Dios usando Su voz quien le dé vida. ¡Eso es exactamente lo que Dios quiere hacer contigo!

16. Salmo 119, RVR1960.

Para Jesús la vida abundante tenía que ver con un corazón vivo para Él. Nada en tu existencia puede darte la vida que solamente Dios te puede dar con Su voz. Esa es la razón por la que Satanás la detesta tanto y «hará lo que sea para impedirte cumplir con este deber. Él es un enemigo de la meditación. Al diablo no le importa cuánto escuches, sino lo poco que medites».[17]

La razón para su odio es muy clara. Él conoce muy bien la diferencia entre un cristiano que solo lee y escucha las Escrituras de vez en cuando y uno que se ha dedicado a meditar en la Palabra. El segundo es un cristiano que tiene un corazón que *arde de amor* en las manos de su Padre y es transformado milagrosamente para vivir la vida que Dios diseñó al crearlo.

Viviendo la vida próspera

Los frutos que se experimentan al hacer de la meditación una disciplina en nuestra vida son demasiados. He seleccionado los que creo que son los más importantes porque me he propuesto demostrarte que la meditación es el ingrediente fundamental que le estaba faltando a tu vida espiritual.

Sobrecogidos por el amor de Dios.

Este es para mí el más relevante porque a partir de este punto todo lo demás viene por consecuencia. Cuando empezamos a entender el amor de Dios en nuestro interior, somos despertados ante Su presencia con una convicción de Su paternidad que ningún ser humano podría lograr, aun con las palabras más persuasivas.

Una de mis batallas más grandes ha sido «sentirme amada por Dios», pero también «dejarme amar por Él». Realmente no

17. Thomas Watson, *Heaven Taken by Storm*, ed. Joel Beeke (1810; reimp., Morgan, PA: Soli Deo Gloria, 1992), 23.

importa mucho por qué me sentía así. Lo que importa es saber que Dios me sacó de ese lugar oscuro.

Fue Dios usando Sus palabras.
Fue mi Padre vivificando mi alma a través de Su voz.

No fue un proceso corto.
Fue un trabajo intencional de casi un año en el que Dios trató conmigo con textos bíblicos muy específicos. Uno de los primeros que utilizó fue:

Guárdame como a la niña de Tus ojos.

(Sal. 17:8a)

Recuerdo que al meditar detenidamente en ese texto fui sobrecogida por Sus manos amorosas, como si fuera una niña que nunca supo cómo dejarse amar. La confianza de David al decirle a Dios «guárdame» me dio la confianza para levantar tímidamente mis ojos y decirle al Señor:

> Está bien, quiero sentirme como lo que dices que soy: la niña de tus ojos y que Tú eres lo suficientemente confiable para que cuides y guardes este corazón herido.

Tenía pánico de «no sentir» el amor de mi Padre. La verdad es que no sabía cómo se sentía ser amada correctamente por Dios. Hasta entonces había dado tumbos en mi vida, intentando sentirme amada por «cisternas rotas» que me ofrecía este mundo.

Detenerme en esas ocho palabras me rompió por dentro. Dios tomó Su Palabra y trajo vida a mi interior y vivificó lo que el pecado y el mundo habían destruido en mí.

Otro texto que Dios usó fue:

Y nosotros hemos llegado a conocer y hemos creído el amor que Dios tiene para nosotros.

(1 Jn. 4:16)

Estas palabras de Dios fueron la estocada final para conquistar mi comprensión de Su paternidad en mi corazón. No solo para que lo supiera, sino para que yo la «sintiera», para que confiara en Él y fuera capaz de decir: ¡Renuncio a todo lo que sea necesario, porque nada ni nadie se compara a ti!

Para ese entonces ya estaba mucho más avanzada en mis habilidades de meditación. Aunque empezaremos primero a aprender a pensar profundamente por escrito, mi objetivo es que terminemos desarrollando la capacidad de meditar en oración junto a nuestro Dios.

De modo que ahí estaba, conversando con Jesús. Este texto me había removido el interior porque racionalmente «sabía» que Dios me había amado, pero tengo que ser sincera y reconocer que mi corazón todavía luchaba con creerlo. Entonces, Dios lo iluminó delante de mí en un proceso de meditación junto a Él. Trajo un bálsamo cargado de convicción inalterable del profundo amor de Dios hacia mí y de lo segura que yo podía estar en Sus brazos.

Esa noche me demostró que Él era el amor de mi vida.

Esos son dos de los muchos versículos que Dios eligió para hablarle a mi corazón con respecto a Su amor por mí. Quizás no sean los que Dios use en tu lucha por entender el amor de Dios en tu vida. El Señor puede usar muchos otros pasajes y por eso necesitas conocer Su Palabra. Esa es la razón por la que dediqué un capítulo entero para mostrarte cuánto vale la pena leer y conocer la Biblia de forma correcta. Solo así podrás afinar tu oído para reconocer dónde tu Padre quiere hablarte.

Empecé con este «beneficio» porque si no hemos entendido el amor de Dios por nosotros, no importa hacia dónde sigamos en este camino, no valdrá lo suficiente la pena para animarte a continuar.

Determinación para luchar contra el pecado

El propósito de Dios es llevarnos de muerte a vida para hacernos más como Jesús. Eso implica que cada día estamos llamados a morir a nosotros mismos, a negarnos a lo que somos y a dejarnos ser moldeados por Sus manos.

Esta puede ser la lucha más difícil que enfrentes en tu vida, o un llamado gozoso.

El cristianismo podría convertirse en algo difícil y gravoso si tu corazón no ha entendido el amor de Dios, porque tu corazón amará más a alguien o algo que no es Dios. Todos tenemos pecados con los que luchamos, todos tenemos ídolos que necesitamos fundir en el fuego hasta reducirlos a la partícula más pequeña y luego dejar que se hundan en lo más profundo del mar.

Todos.

Pero aunque nos obliguemos a dejarlos y a abandonarlos, tu corazón seguirá aferrado al recuerdo, al deseo y a la pérdida.

¿Qué? ¿No hay esperanza?
Con Dios siempre la hay.

Entender Su amor es el antídoto que nos fortalece con gozo para abandonar todo lo que sea necesario arrancar de nuestras vidas con tal de tenerlo a Él. ¿Quieres saber qué texto usó Dios una mañana mientras meditaba en Su Palabra para hacerme ver esa gran verdad?

Porque en Mí ha puesto su amor,
Yo entonces lo libraré;
lo exaltaré, porque ha conocido
Mi nombre.
Me invocará, y le responderé;
Yo estaré con él en la angustia;
lo rescataré y lo honraré;
lo saciaré de larga vida,
y le haré ver Mi salvación.

(Sal. 91:14-16)

Dios fijó mis ojos en esta porción mientras meditaba en ese salmo. Su voz fue tan clara que en ese momento me sentí abrazada por mi Padre y me recordaba que poner mi amor solamente en Él trae libertad, brinda Su presencia y sobre todo, restaura el gozo de mi salvación.

En ese mismo instante, la lucha que enfrentaba hacía mucho tiempo en mis propias fuerzas se vio diluida en pocos segundos. Lo que nunca imaginaba dejar, en ese momento perdió todo el poder que tenía sobre mí.

Se acabó.

Su amor me fortaleció y me convenció para que pudiera tomar las decisiones necesarias.

Pude experimentar cómo era exaltada sin siquiera merecerlo, solo porque Dios me había dado la capacidad de poner mi amor en Él.

Fui vivificada a través de Su Palabra para ponerle fin al pecado y me sobrecogió un sentimiento que permanece firme hasta hoy: quiero seguir haciendo todo lo necesario para que nadie ocupe el lugar que Dios merece en mi vida.

Viviendo en contentamiento

¿Quién puede vivir feliz en un mundo caído? Pareciera una lucha eterna. Es una cosa u otra la que nos produce insatisfacción. Si no es tu aspecto físico, lo será tu matrimonio. Dejó de serlo tu trabajo y ahora lo será una relación tormentosa que te persigue.

Pareciera que no hubiera escapatoria y que fuera de nunca acabar.

Debo reconocer que no recuerdo un momento específico en el que Dios le haya dado una estocada final a estos dilemas en mi vida. Esta es otra forma en la que Dios obra. Recordarás momentos gloriosos, como los dos anteriores que te he contado, y también estarán la suma de horas, días, semanas y meses en los que pasas meditando y que, de un momento a otro, reaccionas y te das cuenta de que Dios está haciendo realidad Su Palabra en tu vida.

Eso fue lo que me pasó con las siguientes palabras de Pablo:

> Yo estimo como pérdida todas las cosas en vista del incomparable valor de conocer a Cristo Jesús, mi Señor. Por Él lo he perdido todo, y lo considero como basura a fin de ganar a Cristo, y ser hallado en Él. (Fil. 3:8-9a)

Exageraría demasiado si te dijera que soy como Pablo. Sin embargo, sí te puedo decir que el fruto de la meditación en mi vida me ha dado un corazón que se acerca más a entender lo que quiso decir el apóstol.

Mi corazón late con estas palabras y dice: «Sí, Señor, tú eres lo que quiero, conocerte a ti y estar cerca de ti es mi deseo».

Mi familia y mis amigos estarán de acuerdo conmigo cuando digo que me tocó atravesar momentos muy difíciles, en los que si yo hubiera dicho:

«¡Renuncio!»

difícilmente alguien hubiera cuestionado mi decisión. Estoy segura de que todos me habrían dado la razón en diferente medida. No te digo esto para que sientas lástima por mí, pero te lo digo porque, si alguien tuvo razones para desear una vida diferente y no estar satisfecha con su realidad, esa fui yo.

Solo Dios sabe cuántas lágrimas he derramado, cuántas veces pregunté angustiada: «¿Hasta cuándo, Señor?», cuántas veces la desesperación controlaba mis venas. Solo Dios sabe.

Solo Dios también conoce aquellos deseos insatisfechos y sabe de esa situación que estás viviendo que no ha cambiado a pesar de que ya pasó demasiado tiempo.

¿Sabes algo? Puede que no cambie.
Pero déjame decirte lo que sí puede cambiar:
tu corazón en medio de las circunstancias.

La meditación bíblica puede ayudarte a crecer en el entendimiento de quién es Jesús hasta el punto en que puedas decir como Pablo: «yo estimo como pérdida todas las cosas en vista del incomparable valor de conocer a Cristo Jesús, mi Señor».

Conocerlo a Él.
Descubrirlo a Él.
Él es tan incomparable que descubrir que Él es tuyo y tú eres suyo para siempre, tiene el poder para darte paz y gozo aún en medio del dolor y el sufrimiento.

Él es el milagro de nuestras vidas.

Una vida transformada

Ya te habrás dado cuenta de que la meditación bíblica está directamente relacionada con nuestro caminar diario. Es una disciplina tan gloriosa que tiene la capacidad de impactar de tal forma nuestro corazón que se ve revelado en nuestra vida.

Eso es lo que Dios quiere.
Dios quiere que tu vida dé fruto porque el río de agua viva está constantemente alimentando tus raíces.

Su Palabra no vuelve vacía cuando encuentra un terreno fértil, el corazón dispuesto y el tiempo suficiente en quietud. Así logra el propósito para el cual Dios la envió (Isa. 55:11). Ya te habrás dado cuenta de que no tiene que ver solo con leerla para aprender quién es Dios y quiénes somos nosotros a la luz de Él, sino que se trata de dejar que despierte nuestro interior con un amor sublime por Él para que nos dispongamos a hacer lo que Dios quiere.

El objetivo final de la meditación bíblica es transformarnos a la imagen de Jesús. Es vivir amando a Dios cada día más, es enfrentar directamente el pecado porque Su amor nos convenció de que Él es mejor. Es vivir una vida caída y rota con un gozo sobrenatural que te permite mostrar más de Dios que de ti mismo. Él propósito es despertar todo el conocimiento que teníamos en la mente para que baje al corazón y transforme todo lo que somos.

Si me dices que has estado meditando en la Palabra, pero ese trabajo no está produciendo cambios en tu vida, entonces puedo decir con certeza que no estás meditando correctamente. La confianza que despierta la Palabra de Dios bien meditada en el corazón humano debería llevarte a tomar decisiones que nunca antes habías imaginado, como dejar el pecado y el miedo para empezar a confiar en Dios.

El fruto de la meditación bíblica
es un milagro en nuestras vidas.

Solo Jesús y tú

Tengo que reconocer que ya no puedo concebir un hijo de Dios que no medite en Su Palabra. Después de descubrir esta disciplina espiritual tan vital no tiene sentido que vivamos sin ella, porque es realmente contradictorio a la vida cristiana.

Si hemos sido sostenidos por Dios hasta este punto ha sido únicamente por Su gran misericordia. Lo entiendo bien porque he estado en ese lugar donde solo tenía una vida espiritual estancada e infructuosa. No he llegado a este punto por mis capacidades, sino por Su gran compasión y, en este caso, por las vidas dedicadas de mis amigos, los puritanos, a los cuales Dios usó y me han acompañado hasta hoy.

Llegar a este punto de la vida cristiana sin practicar la meditación, no significa que debamos seguir igual. Si Dios nos ha sostenido ha sido por gracia, porque la gran mayoría de nosotros estábamos perdidos con respecto a esta disciplina. Seguir con nuestra vida cristiana sin someternos a la práctica de la meditación, cuando ya la hemos entendido, es como decirle a Dios que para nosotros es suficiente seguir viviendo vidas superficiales e infructuosas.

Sé que este es un desafío y que aprender a pensar profundamente demanda tiempo y esfuerzo que nunca antes había dedicado. Pero este es «el intento de acercarnos a Dios, porque Él ya se ha acercado a nosotros».[18] No solo eso, sino que si nos acercamos intencionalmente a Él, Jesús ha prometido que jamás nos va a echar fuera (Juan 6:37).

> ¿No quieres que tu corazón despierte en adoración a Dios al encontrarte cada día con Su voz?
> ¿No quieres vivir la vida abundante que Dios ha prometido?
> ¿No quieres recuperar tu primer amor?

---

18. Peter Toon, *Meditating upon God's Word, Prelude to player and action* (Londres, Inglaterra: Darton, Longmand and Todd, 1988), 23.

¿No quieres dejar de luchar con esos pecados para por fin vivir por el poder del Espíritu Santo?

La respuesta a todas esas preguntas está en tu determinación a desarrollar la meditación como una disciplina a lo largo de toda tu vida.

Me gusta mucho pensar en lo que plantea Richard Foster cuando dice: «lo que sucede en la meditación es que creamos un espacio emocional y espiritual que permite que Cristo construya un santuario en nuestro corazón».[19] La meditación bíblica une todo nuestro ser interior: nuestra mente, emociones y voluntad al servicio de la Palabra de Dios, todo lo que soy se alinea para abrirle al Señor el corazón de par en par para que entre a hablarme directamente.

Ay,
cuando Dios le habla directamente al corazón.
No es algo que te quieras perder.

Por eso Foster compara esta realidad con las palabras de Jesús en Apocalipsis: «Yo estoy a la puerta y llamo; si alguien oye Mi voz y abre la puerta, entraré a él, y cenaré con él y él conmigo» (Apoc. 3:20). Sé que este pasaje se ha usado un sinfín de veces para decir que Jesús quiere entrar en la vida de los inconversos. Pero el texto no se refiere a ellos, está hablando de aquellos que conocen a Jesús: nosotros, Sus hijos.

Detengámonos por un minuto para meditar brevemente en este texto. Es muy raro que alguien se siente a compartir una comida con un extraño. Disponerte a cenar con alguien es un acto en dónde te presentas vulnerable porque expresarás quién eres, tu cultura, hábitos y tradiciones. También se buscará establecer conexión y complicidad con la persona con la que te sientas a comer, se abrirá el espacio para conversaciones profundas y significativas. Ese encuentro puede

19. Richard Foster, *Celebration of discipline* (Londres, Inglaterra: Hodder & Stoughton Ltd.,1980), 24.

producir un silencio extraño o puede dar pie a una conversación interminable.

Oír la voz de Jesús en Su Palabra no es suficiente. Jesús no dice: «Yo estoy a la puerta y llamo; me alegra mucho si alguien oye Mi voz; solo quería que me escucharan». Por el contrario, Jesús dice que escuchar Su voz debe llevarnos a abrirle la puerta y dejar que Él entre en nuestra vida para cenar juntos. Jesús quiere sentarse a la mesa y compartir un momento de intimidad, tú y Él, para que seas alimentado con las palabras de verdad que salen de Su propia boca.

No es solo recibir el texto de una lectura.
Es darle la entrada al Verbo para que entre en nuestro corazón y nos diga lo que necesitamos escuchar.
No hay célula que se resista, ni muralla que se pueda mantener en pie cuando Jesús nos habla palabras de vida eterna.

Denominamos meditación bíblica a ese momento de intimidad, de conversación profunda entre tú y Dios, en Su Palabra. Es Su dulce voz amándote a través de lo que ya ha dicho y tú disponiendo todo lo que eres para escucharlo a Él.

Este capítulo fue diferente

A diferencia del resto de capítulos que has leído hasta ahora, este ha sido diferente porque no ha tenido ejercicios mientras desarrollo los argumentos. Tengo una razón para haberlo hecho de esta manera en este capítulo.

Aún no he terminado con este tema.

Todavía seguiremos hablando de meditación bíblica. Ya no abordaremos solo lo que significa y lo que produce en nosotros, sino que pondremos manos a la obra. Quiero compartir contigo cómo desarrollar esta disciplina espiritual.

Quizás quieras repasar de nuevo este capítulo, pero cuando estés listo pasa la página porque empezaremos a trabajar.

Debo anticiparte que el próximo capítulo será distinto al resto del libro, habrá más interacción tuya. Yo te guiaré y te acompañaré, pero quiero y estoy determinada a que desarrolles la meditación en tu vida y por eso te acompañaré a trabajar duro en ella.

Estoy orando por ti.

CAPÍTULO 6
ENCENDIENDO EL CORAZÓN

Si algo tenía claro cuando soñaba con este libro es que no solo quería decirte lo que Dios nos llama a hacer, sino que estaba determinada a enseñarte cómo hacerlo. He experimentado en carne propia lo que significa tener la convicción de lo que debería estar haciendo pero no tener ni la más mínima idea de cómo hacerlo.

No quiero que tú tengas que atravesar ese mismo camino.

He leído con detenimiento libros de meditación bíblica, sus páginas me dejaban cautivada, pero sufría porque me daba cuenta de que no lograba comprender cómo llevarlo a la práctica de una forma que me funcionara. Era como si dieran por hecho que yo sabría cómo hacerlo y la verdad es que lo único que tenía claro era que tenía que hacerlo, pero el cómo seguía flotando sin dirección en mi cabeza. Hay personas que tienen una mayor capacidad para ser autodidactas y quizás sus procesos de aprendizaje son distintos a los míos y pueden encontrar el cómo por sí mismas. Pero si tú eres como yo, bienvenido a mi equipo.

Escribí este capítulo para personas como tú y como yo, que necesitan ser guiadas de forma más específica y que les enseñen el paso a paso sin dar nada por sentado.

Me tomó tiempo poner en práctica y descubrir el camino que debía o no debía seguir al meditar. Este capítulo es fruto de muchas lecturas, muchos ejercicios de prueba y error, y mucho tiempo dedicado a meditar en la Biblia. Llegué incluso a crear un método de meditación[1] que enseño semanalmente a varias personas alrededor del mundo hispano. Mi compromiso es que los hijos de Dios aprendan a meditar correctamente en la Palabra. Creo que este es el fundamento de nuestro caminar con Dios y solo así veremos vidas que han sido transformadas a una obediencia gozosa a través de Su Palabra porque las Escrituras han encendido sus corazones en amor por el Salvador.

Este es el momento de poner manos a la obra.
Será un capítulo diferente porque estará dividido en ejercicios.

Mi sugerencia es que bajes el ritmo en que avanzabas en la lectura del libro y le dediques a cada ejercicio por lo menos un día. Quizás esto te sorprenda porque querías terminar este libro en menos tiempo. Lamento cambiar tus planes. Déjame decirte que estos ejercicios son muy importantes, aquí está el tesoro y realmente vale la pena hacer todo lo necesario para absorber el conocimiento que vendrá a través de la práctica.

En cada ejercicio te enseñaré una forma distinta de meditar. Aunque estamos tomando un día para cada ejercicio, tu tarea posterior será practicar intencionalmente cada uno de ellos hasta que puedas dominar las técnicas y cuentes con tu «caja de herramientas de meditación» disponible para cada momento que pases en la Palabra de Dios.

La práctica hace al maestro, empezamos entonces con nuestros ejercicios.

No tenemos apuro por terminar el libro.

Tenemos apuro por aprender a meditar en las Escrituras.
Tenemos apuro para que nuestro corazón se encienda delante de Dios.
Tenemos apuro por conocer en profundidad a Dios nuestro Salvador.

---

1. Puedes encontrar este método en el Apéndice C al final del libro.

Desde el inicio del libro hemos hablado de cómo la prisa nos daña y atropella nuestro corazón. Espero que hayamos sido intencionales en tomar decisiones que nos ayuden a bajar el ritmo de nuestras vidas.

Ahora es cuando ese ritmo más lento nos será útil.

Por favor, no cedas a la tentación de saltarte los ejercicios. Sé que puede convertirse en una tentación grande que nos intenta convencer de que luego volverás por ellos. Pero las posibilidades de que eso ocurra son muy bajas y por eso te animo a caminar juntos en orden y con paciencia.

Miles de personas a lo largo de la historia han desarrollado distintas formas de meditación en la Biblia. En este capítulo quiero presentarte algunas de ellas para que puedas encender las brasas de tu corazón con la Palabra. A fin de cuentas, ese es el propósito de este libro.

Déjame traer de nuevo las palabras de Jesús a Marta: «Marta, Marta, tú estás preocupada y molesta por tantas cosas; pero una sola cosa es necesaria, y María ha escogido la parte buena, la cual no le será quitada» (Luc. 10:41-42). Préstame atención, no hay nada más urgente en esta vida que escoger la parte buena y aprender a dedicarnos a ella.

Sí, te va a demandar esfuerzo.
Sí, al principio te costará concentrarte.
Sí, puede que sea muy desafiante.

Pero no hay nada que lo supere.

La Palabra de Dios es un tesoro y cada vez que le das el tiempo y el espacio necesarios para encender tu alma, tu tiempo con Dios dejará de ser parte de tu *checklist* y pasará a ser tu prioridad, tu deseo y tu necesidad.

¿Estamos listos?

Preparándonos

Antes de empezar con los ejercicios necesitamos considerar la motivación de nuestro corazón. Lo hemos hecho muchas veces porque la Biblia lo dice, pero no porque surja de un deseo genuino. Está bien. No lo digo para hacerte sentir mal. Lo entiendo porque he estado allí y puede que nuestro corazón se haya enfriado tanto con el tiempo que nos quedamos solo con la idea de obediencia y eso es lo que nos está dirigiendo. Sin embargo, quiero que tengas en cuenta algo:

Ya es un milagro la mínima pizca de deseo por Dios.

Nuestro deseo natural y meramente humano es no querer nada de Dios. El hecho de que lo hagas, aun solo por obediencia, podría significar que Dios ya está haciendo una obra sobrenatural en ti y no ha terminado contigo. Bendito sea nuestro Señor porque produce en nosotros el querer y el hacer, tenemos motivos de sobra para alabarlo (Fil. 2:13).

Lo segundo que quiero que consideres es el terreno de tu corazón. Por favor, vuelve por un momento al gráfico de los corazones en el Apéndice A y evalúate: ¿cómo está tu corazón? ¿Cómo te estás acercando a la Palabra? Este paso es vital porque ese es el terreno sobre el que caerá la semilla y por eso anhelamos que sea un buen terreno, para que pueda dar fruto.

Identifícalo con calma.

¿Estás listo?

Ora al Señor y no dudes en reconocer la condición de tu corazón. No olvides que Dios la conoce perfectamente. Puedes confesar con sinceridad la situación en la que encuentras tu corazón, puedes agradecer por los progresos o pedirle ayuda por lo que falta trabajar. Puedes recordar con confianza quién es el Dios ante quien te acercas en oración. Él no solo nos oye, sino que inclina Su oído, es decir, presta atención para oír con claridad nuestro clamor (Sal. 40:1). Lo hace con genuino interés y atención, porque Dios es el más interesado en que crezcamos en nuestra relación con Él. Confía en que tu oración es recibida en el trono de la gracia a través de Jesucristo.

Quiero que te grabes estas palabras:

Nadie está más interesado que Dios mismo en que lo conozcas.

De modo que orar con un corazón genuino y sincero, que reconoce su condición y su necesidad de Él, son oraciones que le agradan y que se deleita en responder.

Dame, oh Dios,
un corazón que reconozca que te necesita,
que sea tierra fértil para escuchar tu voz.

Lo tercero que debes saber y que lo conversamos en el capítulo anterior es que Satanás se intranquiliza cuando meditas en la Palabra de nuestro Dios. Por lo tanto, no esperes que dedicarte a la meditación sea un camino color de rosa. Habrá oposición de diferentes formas, sí. Pero no olvides que el Dios todopoderoso es el más interesado en que desarrolles la intimidad con Él a través de la profundidad en la Palabra. Mantente fiel y firme porque no estás solo, el Dios de los ejércitos va delante de ti (Sal. 46:11).

Ya somos conscientes de que nuestra mente está completamente entrenada para distraerse con mucha facilidad. Es por eso que debemos reentrenarla, ser sumamente intencionales y prepararnos bien para los momentos que separamos para la meditación. Esto quiere decir que necesitamos alejar nuestras distracciones y encontrar el momento adecuado donde podemos estar solos y en silencio, sumamente lejos, por ejemplo, de nuestro celular.

Yo descubrí que despertarme a las cinco de la mañana era perfecto para mí. Eso ha implicado hacer varios ajustes en mis horarios, como ir a dormir más temprano. ¿Cuál fue el costo que tuve que pagar? No quedarme hasta tarde viendo una serie o dejar de dar vueltas en el celular. ¿Cuál fue el gran beneficio? Empezar bien el día con mi Señor, escuchar Su voz, atender a Su llamado mientras derramo mi corazón delante de Él. Ese es el tesoro más valioso de mi día, nuestra cita a través de la Palabra y la oración.

No lo cambiaría por nada.

Sé que no todos tenemos las mismas rutinas u horarios. Es verdad que hay temporadas más desafiantes y ocupadas que otras. Si tienes un bebé recién nacido, probablemente hablarte de momentos de quietud es una utopía. Pero como dije antes, son temporadas y uno puede adaptarse. Lo importante y necesario es encontrar la mejor forma de separar un tiempo para el Señor en la temporada en la que te encuentres.

Estoy escuchando tu pregunta en mi oído:
Majo, ¿cuánto tiempo tengo que separar?

No podría decirte con exactitud una cantidad de tiempo porque eso dependerá mucho de ti. Pero no creo que debería ser menos de veinticinco minutos.

Entonces, en la medida de lo posible queremos disponer de un tiempo sin distracciones. Queremos utilizarlo para evaluar nuestro corazón e ir al Señor y pedirle ayuda para no acercarnos a Su Palabra como una tarea más de nuestro día, sino con toda nuestra atención para descubrir al mayor tesoro de nuestra vida: a Jesús.

Meditación intencional y ocasional

Los puritanos establecieron dos formas de meditación. A la primera la llamaron meditación «deliberada, diaria, establecida, solemne o seria»; a mí personalmente me gusta llamarla «intencional». Creo que esta palabra expresa lo que los puritanos quisieron dar a entender y la naturaleza del ejercicio en sí mismo. Me recuerda que este debe de ser un esfuerzo que involucre todos mis sentidos y mi concentración.

La «meditación intencional» se relaciona directamente con una porción de las Escrituras, un sermón o una verdad teológica en la que uno quiera profundizar. Este tipo de meditación es la que los puritanos consideraban más importante porque se toma una verdad de la Palabra para aplicarla a nuestra mente con el fin de pensar profundamente en ella por un período de tiempo, hasta que nuestro corazón sea despertado a la comprensión de Dios y a nuestro amor por Él.

La segunda forma de meditación fue definida por los puritanos como «meditación ocasional». Este tipo de meditación implica observar elementos de nuestra cotidianeidad y asociarlos con una verdad bíblica. Su propósito es aprender a contemplar la vida conectándola con la Palabra de Dios. Cultivar este hábito nos ayuda a moldear nuestros pensamientos y mantenerlos centrados en las cosas de Dios.

Manos a la obra

Tomaremos la epístola de Colosenses como el medio para realizar nuestros ejercicios. Una de las reglas básicas de nuestra lectura bíblica es que no podemos abrir un libro en cualquier lugar y empezar a leerlo, sino que necesitamos hacerlo desde el comienzo. Si empezamos en orden iremos entendiendo bien el mensaje que Dios quería transmitir a través del autor cuando lo inspiró a escribir. Por eso empezaremos por el capítulo 1 del libro de Colosenses.

Estos ejercicios tienen el propósito de darnos las directrices para que puedas practicarlos en tu meditación diaria. Mi objetivo es explicarlos y detallarlos lo más que pueda para que no te pierdas ni el más mínimo detalle.

Ejercicio 1:
Meditación intencional con el método de la paráfrasis

Este primer ejercicio se llama «paráfrasis», es sencillo y tiene por objetivo que puedas decir lo mismo que dice el texto usando tus propias palabras. ¿Por qué eso es útil? Porque hacer el esfuerzo de repetir lo mismo con otras palabras nos obliga a prestar atención al texto de formas más específicas que una simple lectura. Pensar con atención en lo que dice la Palabra permite que ella cobre vida en el corazón. Puede parecer demasiado sencillo para ser útil, pero te aseguro que este ejercicio tiene la capacidad de llevarte al corazón de Dios si te dispones a hacerlo correctamente.

Cuando inclinamos nuestro corazón a la lectura bíblica, estamos reconociendo que nuestra necesidad es saciada en el Pan de Vida y no en este mundo.

No te acerques a la lectura como si leyeras, por ejemplo, a Isabel Allende. Reconoce que vas a leer la Palabra viva del Dios vivo. La única que tiene la capacidad de saciar tu sed. La Biblia es el libro que te llevará a la intimidad del corazón de tu Padre, por lo tanto, elevar nuestras expectativas de acuerdo con la realidad poderosa de la Palabra transforma nuestra motivación.

Leer el capítulo 1 de Colosenses debería tomarte no más de tres o cuatro minutos. Coloco el tiempo a propósito, no para que enciendas tu cronómetro, sino para que veas que el tiempo que te tomará es corto, de modo que no aplica decir «no tengo tiempo para esto» y paso de frente al ejercicio.

Por favor tómate esos minutos y lee todo el capítulo 1 de Colosenses.

Para poder seleccionar el pasaje en el que meditaremos necesitamos entender cuál es el contexto en el que se escribió, porque así podremos entender el verdadero sentido de lo que Dios quiso decir.

Tómate el tiempo necesario para leer todo el capítulo y hazlo en dependencia del Señor.
¿Qué quiere decir?
Ora mientras lees.

Pídele a Dios que Su Espíritu guíe tu corazón,
abra tus ojos
y te muestre en qué pasaje quiere que te concentres hoy.

Después de haber leído el texto, pasa tus ojos nuevamente por el capítulo y fíjate dónde puedes detenerte para pensar en una sección con más detenimiento. Suelo recomendar que la selección de versículos no sea de más de cinco, así podrás enfocarte bien.

¿Qué debes tener en cuenta para seleccionar el pasaje?

¿Qué líneas hicieron que tu corazón latiera con más fuerza? ¿Alguna te confrontó? ¿Alguna trajo algún tipo de convicción a tu corazón? Céntrate en aquellos versículos que te movieron las hebras del corazón mientras leías.

Para fines de mi enseñanza usaré los versículos que yo he elegido, sin embargo, tú no tienes que usar los míos necesariamente. Puedes seguir adelante con los tuyos o puedes caminar junto a mí. Cualquiera de las dos opciones está bien.

Reitero que hacer paráfrasis es decir lo mismo pero con otras palabras. Eso va a requerir un esfuerzo mental al que no necesariamente estás acostumbrado. También notarás que, en la medida en la que estás haciendo tu paráfrasis, algunas palabras empezarán a saltar y brillar frente a ti. Cuando eso te pase, escribe en tu cuaderno lo que viene a tu mente para que luego puedas volver a ellas y no las olvides. Esas primeras impresiones son perlas, anótalas.

Mi sugerencia es que para tu primera lectura uses una Biblia de traducción literal como la Reina Valera 1960 (RV60) o la Biblia de las Américas (LBLA o NBLA). ¿Por qué? Porque son traducciones que se adhieren con mayor precisión al idioma original.

Sin embargo, existen otras versiones como la Nueva Traducción Viviente (NTV) o la Traducción de Lenguaje Actual (TLA). Estas versiones se acercan más al concepto de paráfrasis que al de una traducción literal. Es por eso que te sugiero que si tienes una de estas versiones la uses para apoyarte a reconocer cómo luce una paráfrasis, mas no la uses como el texto base para tu meditación.

Empecemos.

He elegido los versículos 13-15 del capítulo 1 de Colosenses para que empecemos nuestro primer ejercicio de meditación utilizando la técnica de la paráfrasis y dice así:

> Porque Él nos libró del dominio de las tinieblas y nos trasladó al reino de Su Hijo amado, en quien tenemos redención: el perdón de los pecados. Él es la imagen del Dios invisible, el primogénito de toda creación.

Este texto está en la versión Nueva Biblia de las Américas (NBLA). Veamos cómo se lee este mismo pasaje en la Nueva Traducción Viviente (NTV), para reconocer una paráfrasis:

> Pues él nos rescató del reino de la oscuridad y nos trasladó al reino de su Hijo amado, quien compró nuestra libertad y perdonó nuestros pecados. Cristo es la imagen visible del Dios invisible. Él ya existía antes de que las cosas fueran creadas y es supremo sobre toda la creación.

Usar la NTV para ver cómo luce una paráfrasis es una herramienta que sugiero usar hasta que puedas dominar esta técnica de meditación por ti mismo.

Ahora nos toca a nosotros. Yo haré mi propia paráfrasis del texto en NBLA y luego te daré espacio para que tú hagas lo mismo:

De modo que Dios nos dio libertad del control que la oscuridad tenía sobre nosotros y nos llevó al reino de Su Hijo Jesús, a quien Dios ama. Es en Jesús en donde tengo salvación, es en Él en quien mis pecados han sido perdonados. Mi Señor es la expresión visible del Dios invisible, Él es Cristo, Él existía desde antes de todo lo creado.

¿Estás listo?

Te daré un momento para que escribas en tu cuaderno de trabajo el ejercicio. Te sugiero que cubras mi paráfrasis, y si te animas, cubre también la NTV.

¿Cómo te fue? ¿Cómo te sentiste al escribirla? ¿Qué fue lo que más te costó? ¿Qué fue lo que más te gustó? ¿Estuvo difícil? Date un espacio para reconocer cómo te fue en este ejercicio y si te animas, toma nota de ello.

Bien. Ahora lo vamos a hacer de nuevo. Harás una segunda paráfrasis. Puedes observar el texto de la NBLA y tu propia paráfrasis.

Vamos nuevamente al cuaderno de trabajo.

Listo. Uno de los aspectos que más disfruto de obligarme a hacer más de una paráfrasis es que tengo que concentrarme mucho en lo que dice el texto y pensar más para decirlo diferente. Este esfuerzo mental vale la pena porque prestamos atención a las Palabras de vida de forma particular.

Ahora quiero que tomes un momento para escribir en tu cuaderno de trabajo una reflexión con aquello que ha estado burbujeando en tu corazón mientras hacías el ejercicio de la paráfrasis. Pero hay un detalle, no solo escribirás una reflexión personal, sino que lo harás como una oración escrita. Es decir, vas a escribir una respuesta a Dios con aquello que ha sido movido en tu corazón a lo largo del ejercicio.

Este es el final de nuestro primer ejercicio. Te animo a dejar tu lectura hasta acá y volver mañana para seguir adelante con nuestro segundo ejercicio de meditación.

Ejercicio 2:
Meditación intencional con el método de los principios o ideas

¿Cómo estuvo el primer día de ejercicio en la meditación? ¿Cómo quedó tu corazón? ¿Qué rescatas de este primer ejercicio después de dejarlo decantar? Es seguro que fue distinto a lo que estamos acostumbrados, pero estoy convencida de que darle espacio y aire a la Palabra de Dios en nuestra mente y corazón le da el lugar que le corresponde para que cobre vida en nosotros y encienda nuestros corazones delante de Dios.

Richard Foster dice que el ser humano prefiere que alguien más le entregue el mensaje de parte del Señor. Señala que preferimos que haya alguien más hablándole a Dios en nuestro favor, en lugar de que seamos nosotros mismos los que nos acercamos a Dios. También dijo con absoluta claridad que la tendencia de la historia de la religión es un deseo casi desesperado por tener un rey, mediador, sacerdote o pastor que esté entre nosotros y Dios porque de esta forma no necesitamos ir directamente delante de nuestro Señor. Al evitar acercarnos a Él de forma directa nos libramos de tener que cambiar, porque estar en la presencia de Dios nos obliga a ser transformados.[2]

La meditación bíblica nos lleva delante de Dios a través de Su Palabra y en el camino nos va removiendo los afectos del alma, nos confronta y revela nuestro corazón para ordenarlo. Hace exactamente lo que Foster dice que los seres humanos estamos evitando hacer. De modo que seguir aquí es un milagro del Señor en tu vida. ¡Alábalo por eso!

---

2. Foster, *Celebration of discipline*, 28.

Depende completamente de Él en este nuevo ejercicio, confiésale tu incapacidad para hacerlo bien, tu enorme capacidad para distraerte, quizás tu falta de deseo, pídele ayuda y reconoce que nada de esto lo estás haciendo en tus habilidades.

El ejercicio de hoy lo adapté de uno que plantea el Dr. Whitney en su libro sobre disciplinas espirituales. He trabajado muchísimas veces ese ejercicio por largo tiempo, lo he enseñado a muchas personas y debo decir que es un método que me desafía a pensar más y mejor.

Si te gustan los desafíos, este método será de tus favoritos porque nos pondrá a prueba y nos obligará a esforzarnos para pensar en profundidad. Una de las razones por las que más me gusta es porque me ayuda a poner de lado lo primero que se me viene a la mente con facilidad, usualmente aquello que he escuchado o aprendido de otros. Una vez que vacío mi mente de ese contenido, recién me obligo a pensar de verdad en el pasaje en el que estoy meditando.

El objetivo de este ejercicio es extraer los principios, es decir ideas o creencias, que rescato del texto elegido. Pero antes de empezar nos pondremos una meta sobre la cantidad de principios que extraeremos. Mi sugerencia es que empecemos con diez, es un buen número que demandará un poco más de esfuerzo. Verás que serán fáciles los primeros cinco a siete principios que extraigas porque son los que tienes «en la punta de la lengua». Verás que recién empezarás el verdadero trabajo meditativo cuando esos se acaben. Como te dije, costará esfuerzo, pero el resultado es maravilloso.

Hoy nos toca trabajar con el segundo capítulo de Colosenses. Tómate unos minutos para leerlo en dependencia del Señor y pídele ayuda para fijar tus ojos en el pasaje a través del cual Él quiere hablarte.

He elegido los versículos 6 y 7 del segundo capítulo. Puedes quedarte con los míos o puedes elegir los tuyos. Cualquiera de las dos opciones está bien:

> Por tanto, de la manera que recibieron a Cristo Jesús el Señor, *así* anden en Él; firmemente arraigados y edificados en Él y confirmados en su fe, tal como fueron instruidos, rebosando de gratitud.

Tu meta será extraer diez principios que puedan desprenderse de las enseñanzas de este texto. Te daré algunos como ejemplo, pero te animo a que puedas extraer los tuyos hasta llegar a diez. Cuando te quedes sin ideas, ora y pídele ayuda al Señor porque es en ese momento donde recién empezará el profundo trabajo de meditación:

1. *La motivación inicial con la que empecé a caminar con el Señor no debe disminuir con el pasar del tiempo, para que eso no ocurra debo estar arraigada en Él.*
2. *Estar arraigada en Cristo significa echar raíces en Él, eso demanda tiempo, dedicación, un suelo fértil y estar dispuesta.*
3. *Estar edificada en el Señor significa que mi crecimiento debe ser sobre Él, no debo estar creciendo sobre otro mensaje que no sea el de la Palabra que mi Dios me llama a vivir.*

Te dejo estos tres principios. Un consejo para hacer este ejercicio es empezar a observar el texto en orden, detenernos en cada idea o palabra que nos va dando el autor y ver qué es lo que quiere decirnos en el contexto del pasaje completo. Piensa en ello y anótalo. Llegarás al final del texto y no habrás completado tus diez ideas y pensarás:

Ya no se me ocurre nada más.

Bienvenido, ahora sí que empieza el trabajo profundo. Tómate el tiempo, disfrútalo y sobre todo depende del Señor, invítalo a este proceso y gózate con todo lo que Él te vaya mostrando.

Anota en tu cuaderno tus diez ideas o principios.

Una vez que termines quiero que te tomes el espacio necesario para escribir tu reflexión con aquello que Dios te ha mostrado a lo largo de este ejercicio y que lo hagas nuevamente en la forma de una oración a Dios.

Te animo a que, mientras más practiques este ejercicio, aumentes la cantidad de principios o ideas que te propones escribir. Es un desafío que vale realmente la pena enfrentarlo cuando uno lo hace en dependencia del Señor.

Hemos concluido con nuestro segundo día de trabajo de meditación. Sé que ha sido demandante y que tu corazón ha sido movido en varias formas. Permítete el espacio para decantar a lo largo del día aquello que el Señor te ha hablado de forma tan personal y mantente en constante oración al Señor.

Nos vemos mañana.

Ejercicio 3: Meditación intencional con el método del diagrama

Dietrich Bonhoeffer decía que, así como no analizamos las palabras de alguien a quien amamos, tan solo las aceptamos tal como son, así también debemos aceptar la Palabra de la Escritura y atesorarla en el corazón, tal como lo hizo María.[3]

---

3. Dietrich Bonhoeffer, *Life Together: The Classic Exploration of Christian Community* (Nueva York: HarperCollins Publishers, 1954), 83.

Esas palabras nos entregan dos exhortaciones muy puntuales. La primera es que no estamos en posición de acercarnos a las Escrituras con un corazón que cuestiona a Dios. Mi mentora siempre dice que aquel que se acerque con un corazón soberbio a la Palabra de Dios, solo saldrá más árido y su corazón más endurecido. El Señor quiere revelarse a quienes anhelamos conocerlo, pero Dios nos resistirá si lo hacemos con una actitud soberbia y cargada de orgullo (Prov. 3:34, Sant. 4:6, 1 Ped. 5:5).

Poner a Dios en el banquillo no solo es una disposición incorrecta, sino que es una grave afrenta contra el Soberano del universo. Cuida tu corazón al evaluar la forma en que recibes la Palabra de Dios, acógela como la carta de amor más grande y poderosa de la historia en la que tu Creador se ha tomado el trabajo de revelarse a ti. Atesórala haciendo uso de todas las habilidades que Dios te ha dado. Dedícate a ella y entrégate a ella como si tu vida dependiera de eso, porque, realmente tu vida depende de ella (Mat. 4:4).

La segunda exhortación es que nos cuidemos de pasar por las páginas de la Biblia como si se tratara de un libro más, pues ella misma nos exhorta a atesorarla y nos llama a considerarla a la altura de su naturaleza y procurar permanecer en ella con todas nuestras capacidades. Resistamos la tentación de pasar por ella de manera superficial.

Foster dice que nuestra prisa solo refleja cómo estamos internamente y es ese estado justamente el que necesita ser transformado. De modo que, si estamos corriendo por la Palabra, solo estamos demostrando cuánto necesitamos ser transformados por ella.[4]

Insisto en que soy consciente de que estos ejercicios pueden ser desafiantes, sobre todo al inicio. Pero la realidad es que cada uno de ellos tiene la capacidad de enseñarnos a ir lento,

---

4. Foster, *Celebration of discipline*, 33.

prestar atención y disfrutar de la dulzura de la Palabra que revela el corazón de nuestro Padre.

Mostraremos nuestra creatividad en el ejercicio de hoy. Vamos a apoyarnos en gráficos, diagramas, dibujos y cualquier otro esquema que te ayude a conceptualizar el texto de forma visual.

Con seguridad has visto el trabajo que muchas personas hacen de *Bible lettering*, cuando se inspiran en un texto para crear un dibujo. Eso no es lo que vamos a hacer exactamente, sino que en esta oportunidad queremos guiarnos por todo el argumento del autor de los versículos elegidos para desarrollar su idea a través de un gráfico.

Hoy nos toca el tercer capítulo de Colosenses. Empecemos leyendo el capítulo siempre en dependencia del Señor y de Su dirección, pidiéndole que abra nuestro entendimiento y nos permita fijar nuestros ojos en aquello que Él quiere que prestemos atención.

En este caso, elegiré los versos del 1 al 3. Recuerda que no tienes que elegir los mismos versículos. Lo haré para enseñarte cómo luce aquello que estoy explicando en palabras:

> Si ustedes, pues, han resucitado con Cristo, busquen las cosas de arriba, donde está Cristo sentado a la diestra de Dios. Pongan la mira en las cosas de arriba, no en las de la tierra. Porque ustedes han muerto, y su vida está escondida con Cristo en Dios.

Tómate el tiempo necesario para dibujar o diagramar todo el argumento del texto tal como va desarrollando su argumento el autor. No te centres solo en unas palabras que te inspiran, sino que la idea es conceptualizar gráficamente el argumento. Apóyate en dibujos, líneas, flechas, mapas mentales y todo lo que se te ocurra.

A continuación te muestro el mío:

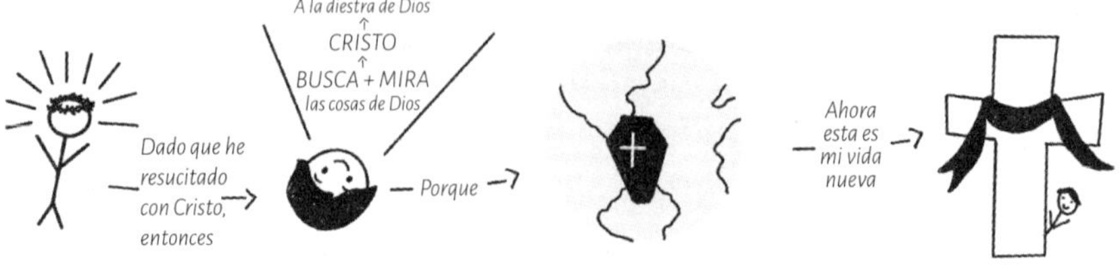

¿Realizaste tu propio gráfico? ¿Cómo te sentiste? ¿Te diste cuenta de que el esfuerzo de conceptualización gráfica te obliga a entender el texto? Uno de los beneficios de este ejercicio es que pone presión sobre nosotros para trabajar en la comprensión de las líneas que estamos meditando.

Dios sí trabaja de forma personal con cada uno de nosotros a través de Su Palabra. Estoy segura de que buscaste entender todo el argumento y que Dios, de manera particular, iluminó algunas partes más que otras. De modo que cierra el trabajo de hoy escribiendo tu reflexión final en formato de oración a Dios en tu cuaderno de trabajo.

Hemos terminado por hoy. Nos vemos mañana en el último ejercicio de meditación intencional sobre el capítulo 4 de Colosenses.

Ejercicio 4:
Meditación intencional con el método de las cinco preguntas

En mi deseo por leer todo lo que pudiera sobre meditación bíblica conseguí un libro de Peter Toon. Es casi anecdótico recordar esto porque no tengo ningún registro de haberlo comprado, simplemente lo encontré en mi biblioteca. Toon se ha convertido en uno de mis autores preferidos sobre el tema porque constantemente resalta el aspecto íntimo de la meditación en la Palabra y cómo Dios se deleita revelándose en nuestros corazones a través de ella.

> Leer el texto de las Escrituras puede ser como observar una flor cuando el sol no brilla. Meditar en el mismo texto mientras se está en comunión espiritual con el Dios vivo puede ser como ver esa misma flor cuando el sol brilla sobre ella. El espíritu del Señor Jesús ilumina tanto nuestras almas como la página sagrada, de modo que, al compartir su mente, vemos el texto tal como Él quiere que lo veamos, y así nos imparte sabiduría espiritual y celestial a nuestras mentes y corazones. Esta revelación ocurre solo cuando nos acercamos a las Escrituras con una confianza humilde, creyendo que en ellas y a través de ellas, por la gracia de Dios, encontraremos la verdadera Palabra, la Palabra hecha carne, nuestro Señor Jesucristo.[5]

El trabajo de meditación es íntimo y personal. Se trata de aplicar la Palabra de nuestro Dios a nuestro corazón y a nuestra mente para que transforme nuestra vida. Es por eso que todos los ejercicios terminan con una oración escrita donde reflexionamos en la presencia de Dios sobre la Palabra que Él ha iluminado en nuestras mentes y corazones. La meditación no es un estudio bíblico, esa es otra disciplina espiritual que también nos tocará desarrollar (2 Tim. 2:15). Sin embargo, si antes no hemos aprendido a meditar con todo el corazón delante de Dios, el estudio bíblico solo será conocimiento que llene nuestra mente.

Quiero insistir en el aspecto íntimo y aplicativo al que nos anima Toon. La meditación no es únicamente crecer en el entendimiento de Dios, sino entregarle nuestro corazón para que haga uso del cincel en la medida que lo sometemos a las Escrituras cuando pensamos en ellas.

---

5. Toon, *Meditating upon God's Word*, 70.

Por esa razón termino este tiempo de ejercicios de meditación intencional con este ejercicio adaptado de una propuesta que hace Peter Toon en el libro que por providencia de Dios llegó a mi biblioteca. He visto el impacto que estas preguntas tienen en las personas debido a que no permiten que dejen afuera o se escapen del aspecto íntimo y personal involucrado en el trabajo de meditación.

Yo uso mucho esas preguntas para guiar mis reflexiones finales. A veces las uso unidas a otra técnica de meditación y otras veces las uso solas. La maravilla de tener varias herramientas de meditación a tu disposición es que puedes variar tu aproximación a la Palabra desde diferentes ángulos.

Hoy cerramos la meditación intencional leyendo el capítulo 4 de Colosenses. Tómate unos minutos para leerlo por completo en dependencia del Señor y recuerda pedirle ayuda para reconocer el texto en el que hoy fijaremos nuestra atención.

Trabajaré los versículos del 2 al 6 del capítulo 4:

> Perseveren en la oración, velando en ella con acción de gracias. Oren al mismo tiempo también por nosotros, para que Dios nos abra una puerta para la palabra, a fin de dar a conocer el misterio de Cristo, por el cual también he sido encarcelado, para manifestarlo como debo hacerlo. Anden sabiamente para con los de afuera, aprovechando bien el tiempo. Que su conversación sea siempre con gracia, sazonada *como* con sal, para que sepan cómo deben responder a cada persona.

A continuación te presento cinco preguntas que quiero que respondas en tu cuaderno de trabajo a la luz del texto que hoy estamos viendo (recuerda que tienes la libertad de elegir tus propios versículos dentro del capítulo 4). La particularidad de hoy es que responderás todas las preguntas en formato de oración. Es decir, presenta tus respuestas como si estuvieras conversando en oración con Dios.

¿Por qué de esa manera? Porque así te obligas a ti mismo a ser consciente de una realidad en la que estás inmerso mientras meditas, estás delante de Dios y Él está entregándote esta Palabra de verdad. En consecuencia, se demanda de nosotros una respuesta frente a Su Palabra. No podemos separar el aspecto divino del trabajo reflexivo, ni podemos separar el aspecto personal que las Escrituras deben tener sobre nosotros.

Estas son las siguientes preguntas que responderás en tu cuaderno de trabajo, en oración:

1. ¿Qué verdades ves y entiendes que el texto enseña?
2. ¿Qué es difícil de entender de este pasaje?
3. ¿Cómo te sientes y qué emociones experimentas cuando piensas en estas verdades?
4. ¿Cómo puedes pedirle ayuda a Dios para que te muestre aquello que no estás viendo?
5. ¿Cómo puedes verbalizar el deseo de obedecer a Dios con gozo y con amor?[6]

Una respuesta se puede ver de esta manera:

> *Padre, entiendo que me llamas a mantener una actitud constante en oración. Me dices que mi oración no solo debe tratarse de peticiones, sino que debe tener una actitud de agradecimiento. Reconozco que esto no es fácil para mí, porque veo cómo mi corazón tiende a enfocarse en mí misma, ignorando toda la misericordia que me muestras cada día. Gracias por traer convicción de mi egoísmo al orar...*

Hice una síntesis de las respuestas y solo utilicé el versículo 2. Con este ejemplo quiero enseñarte que este ejercicio tiene la capacidad de llevarte a niveles personales muy profundos. Anda lento, sin apurarte, observa cada frase, ora,

6. Adaptado de Toon, *Meditating upon God's Word*, 53.

depende del Señor y abre tu corazón con la confianza de que Dios quiere tratar contigo porque te ama.

Tómate el tiempo necesario para desarrollar de forma escrita estas cinco preguntas en oración.

Hasta aquí hemos llegado con las técnicas de meditación intencional. Dedica el resto de tu día a decantar aquello que Dios te ha dado, manteniéndote en oración.

Ejercicio 5: Meditación ocasional

Nuestros amigos los puritanos insistieron en la meditación ocasional porque tiene la capacidad de enseñarnos a ver el mundo a través de las verdades de Dios. El beneficio principal de hacerlo es despertar nuestros afectos para Dios. Edward Calamy la definió de forma sencilla cuando dijo:

> Este tipo de meditación trata de aprovechar lo que uno ve, escucha o piensa. Es utilizar cualquier cosa que perciban tus sentidos para elevar tus pensamientos hacia una meditación celestial. La meditación ocasional es cuando se usa la creación como un estrado para elevarse hacia Dios, como si fuera una escalera al cielo. Aquí radica la excelencia del cristiano, que tiene la capacidad de espiritualizar las cosas naturales.[7]

Esta forma de meditación me parece fascinante. Si nos entrenamos en ella empezaremos a vivir una vida filtrada por el lente de las Escrituras. Le enseñaremos a nuestra mente cómo pensar mejor y cómo vivir buscando «escaleras que nos lleven al cielo».

---

7. Edmund Calamy, *The art of Divine meditation* (Londres, Inglaterra: Tho. Parkhurst, 1680), 6, 15.

Jesús usó mucho esta técnica. Un ejemplo del uso que le dio son los siete «Yo soy» en los Evangelios; apuntó a situaciones u objetos cotidianos que elevó al darles un significado sublime. Una puerta, un pastor, el pan, la luz, la vid, la vida y la resurrección. Todas estas palabras para nosotros tienen significados mucho más profundos porque nuestro Señor nos llevó a darles un significado superior.

Podemos seguir ese mismo ejemplo en nuestra vida cotidiana. Déjame darte un ejemplo que uso con mucha frecuencia. Tengo una fascinación particular por observar árboles. Me encanta observar sus detalles, los colores, los tipos de hoja, el grosor de sus troncos. Miro sus ramas unidas al tronco, noto que cada una es diferente. Algunas son muy desordenadas, otras son rectas, pero todas dependen del tronco. Los árboles me recuerdan nuestra dependencia del Señor. Las distintas ramas me recuerdan que las vidas de los santos son distintas, unas habrán caminado en mayor rectitud, otras han tropezado más. Unas tienen más fruto que otras. Sin embargo, lo que nos une es que todas dependemos de la misma fuente de vida.

Podría seguir escribiendo al respecto, pero creo que ya entiendes mi punto.

La tarea de hoy es distinta a las anteriores. Como dirían las maestras en la escuela: «Alumnos, hoy hay tarea para la casa». La tarea es observar y escuchar atentamente a tu alrededor durante tu día para luego escribir dos reflexiones que obtengas de tu observación de la naturaleza o algún objetivo particular que puedas relacionar con una verdad bíblica. Date el tiempo y el espacio para contemplar a Dios a través de tu reflexión escrita y permítete el espacio para alabar a Dios porque nos ha dado una herramienta «portátil» que podemos aplicar a lo largo de todo nuestro día, sin importar lo que estemos haciendo.

Ordenando nuestros tiempos con Dios

Me hubiera gustado que este sea el capítulo con más páginas para seguir trabajando juntos, pero hemos llegado al final. Es mi oración y profundo anhelo que estos días invertidos en la meditación solo te hayan dejado con ganas de más. Quiero exhortarte a que lo aprendido no termine con este capítulo, sino que lo lleves a tus tiempos diarios con el Señor.

Dios se deleita cuando Sus hijos entienden Su Palabra y sus corazones son despertados, entonces usa estas técnicas con la confianza de que a Dios le place revelarse al corazón de Sus hijos a través de Su Palabra.

Señor, que este sea solo el inicio de un corazón que arde en las manos de Su Creador.

CAPÍTULO 7

UNA RELACIÓN DE INTIMIDAD

Son dos las razones que hacen de las *Confesiones*, de Agustín de Hipona, mi libro favorito. Me río mientras escribo porque aún se me hace difícil creer que mi libro favorito me haya tomado tres leídas para poder entenderlo bien y, a pesar del camino cuesta arriba, seguir considerándolo primero en mi lista.

La primera vez que lo leí fue por cultura general. Cuando lo acabé me pregunté cuánto había entendido y creo que sería mucho si digo que entendí un cinco por ciento. La segunda vez lo leí como parte de las lecturas obligatorias de mi clase de Historia de la Iglesia del seminario. Durante esa lectura descubrí el regalo de sabiduría que eran esas páginas. La tercera lectura la hice simplemente por el puro placer de seguir profundizando en esas palabras.

La primera vez que lo leí no terminé de caer en cuenta en el tipo de libro que es porque, definitivamente, no es un libro habitual. El corazón de Agustín se descubre cuando abres las *Confesiones*. Te encuentras con la oscuridad de su alma, la vulnerabilidad de sus fibras más profundas y puede ser chocante si no estás acostumbrado a cavar tan profundo dentro de ti.

San Agustín le expresa a Dios su intimidad sin reservas ni tapujos con el pasar de las páginas. Se detiene en sus miserias y las expone tal cual son. Esa inmensa sinceridad es la primera razón para que este libro sea mi favorito.

La segunda es porque él recuerda incansablemente el carácter de Dios mientras expone su oscuridad y descubre la salvación de su propia miseria. Un aspecto nunca lo separa del otro.

San Agustín sabe que no podría ver lo miserable que es sin la presencia de Dios. La luz de Dios le muestra su verdadera condición. Pero también esa misma luz le da la esperanza de que no permanecerá igual.

Confesiones marcó un hito importante en mi vida espiritual porque me enseñó que necesito desarrollar mi lado vulnerable para construir una relación íntima con Dios, y eso demanda un gran esfuerzo intencional de mi parte.

Mi proceso con la lectura de las *Confesiones* me enseñó que es posible seguir viviendo superficialmente en nuestra relación con Dios, manteniendo oraciones superfluas, llenas de peticiones, como si Dios fuese el genio de la lámpara mágica.

O, por otro lado,

Podemos desarrollar la relación con Dios más profunda y segura de todas.

Leer a San Agustín me anima mucho. Reconozco que tengo una naturaleza oscura, pero la esperanza de tener a Emmanuel me sostiene (Mat. 1:23). Dios conmigo, el milagro de Su obra en la cruz. Porque he sido unida a Cristo para siempre y porque esta unión no depende en lo absoluto de mí es que puedo acercarme a Dios tal cual soy, sin tapujos, sabiendo que nunca seré rechazada.

Revisando el ritmo de mi vida espiritual

Si aun no lo ves con claridad, permíteme decírtelo: Dios ya sabe absolutamente todo de ti y aun así no se ha ido, ni se irá (Rom. 8:38-39). No mereces que sea así, pero lo hemos recibido de esta forma por pura gracia.

Por eso Hebreos nos anima al decirnos que podemos acercarnos confiadamente al trono de la gracia (Heb. 4:16). Es interesante que la Biblia no lo llama el trono del «amor», sino el trono de la «gracia» porque es el trono al que se pueden acercar los que no merecen ser recibidos.

Sí.
Ese es el trono que nosotros necesitamos.
Gracias a Dios que existe uno para nosotros, los que no lo merecemos.

La gracia de Dios hace que no seamos tratados como deberíamos ser tratados, sino como Dios nos ve: a través de Cristo. Por eso se nos dice que podemos acercarnos con confianza. Esa es la razón por la que San Agustín derrama su corazón delante de Dios sin tapujos y, a la misma vez, se esconde detrás de Cristo recordando el carácter santo, justo y misericordioso del Dios que lo salvó.

Hemos concluido nuestros ejercicios de meditación en el capítulo anterior y mi oración constante es que ese tiempo te haya enseñado que hay mucho más que leer la Biblia solo para no sentirte culpable. Dios quiere darnos vida a través de Su Palabra con la que creó el cielo y la tierra. Oro al Dios del universo que te dé más deseo por Él y convicción diaria para desarrollar una vida meditativa y reflexiva en Su revelación.

Sin embargo, no podemos quedarnos ahí. De seguro recuerdas que acabamos cada uno de nuestros ejercicios con una oración escrita. En este capítulo quiero compartirte una nueva forma de meditar, le dedico un capítulo completo porque son muchos los detalles que debemos considerar.

Este libro está diseñado para que te sirva como reflexión y también de entrenamiento hacia una mayor intimidad con Jesús. Hemos entendido que nuestra alma lo anhela a Él. Cuando descubrimos cómo saciarnos de Él, descubrimos que nuestra hambre parece un pozo sin fondo porque «Dios es inagotable».[1]

---

1. J. T. English, *Discipulado profundo* (Nashville, TN: B&H Español, 2022), 40.

Entonces queremos más y más de Él.
Sí.
Ese es el camino correcto.

Así mismo nuestra relación con Él debe ser cada vez más profunda. Pero así como todo en la vida, no podemos saltar de aprender a gatear a correr una maratón. Por ese motivo hemos ido de a poco a lo largo de estas páginas.

Todo lo que hemos hablado desde el capítulo uno en adelante será necesario para poder desarrollar esta nueva forma de meditación:

La vida en calma.
La mente reentrenada para apreciar el silencio y la quietud.
La lectura constante de las Escrituras con un corazón deseoso de conocerlo más.
El desarrollo de una mente reflexiva en Su Palabra.

Si no hemos trabajado esos puntos, este trabajo meditativo será bastante más difícil. No digo que será imposible, pero sí será más trabajoso y por momentos hasta casi imposible de lograr. Si hay decisiones que aun debes tomar o hábitos que cambiar de los cuales el Señor te ha dado convicción a lo largo de este libro y que aún no estás haciendo, quisiera animarte a que tomes las decisiones que se requieran porque el momento es ahora.

Puedes tomarte unos minutos, cerrar estas páginas y acercarte en oración a Dios. Pide Su ayuda, Su perdón o busca Su dirección.

No hay nada que valga más la pena que desarrollar la intimidad con tu Padre celestial.

Escoge la parte buena, quieto, a Sus pies, escuchando Su voz.

Esa es la intimidad que trae vida abundante que nadie te quitará.

Una nota antes de empezar

Si algo hemos aprendido a lo largo de estas páginas es que Dios no nos habla separado de lo que ya Él ha dicho. Dallas Willard dice que «la manera principal en la que Dios se comunica con la humanidad es a través de Su Palabra o el hablar de Dios. La Biblia misma es el hablar de Dios preservado en forma escrita».[2] De modo que no hay cómo comunicarnos con Dios separados de la Biblia, ni tampoco existe algo que nos dé convicción sobre un aspecto de nuestra vida que no esté respaldado por las Escrituras.

¿Por qué?

Porque Dios es santo,
eso quiere decir que Él nunca peca,
y si nunca peca,
no puede contradecirse.
Punto final.

Ahora, si queremos escuchar la voz de Dios hablándonos directamente al corazón, necesitamos, en primer lugar, conocer Su voz. Esto implica necesariamente que conozcamos la Palabra porque ella revela a Dios. Sé que de eso ya hemos conversado mucho a lo largo de este libro, pero no quiero que pienses que puedes saltar a este paso de intimidad sin primero conocer al Dios de la Biblia.

A lo largo de este capítulo quiero enseñarte lo que yo llamo «oración meditativa». Esta es mi forma favorita de cerrar el tiempo de meditación porque nos permite ir a la presencia de Dios en oración a través de Su Palabra.

Pronto verás que se trata de una forma distinta de orar. Usaremos el silencio, la quietud, la creatividad, nuestra imaginación y por sobre todo, las Escrituras. Ojo que con esto no estoy diciendo que solo debes orar de esta manera, por supuesto

2. Dallas Willard, *Hearing God* (Westmont, IL: InterVarsity Press, 2012), 69.

que no. Tampoco entraré en demasiado detalle sobre qué es la oración porque se han escrito incontables libros al respecto. Lo que quiero enseñarte a través de este capítulo es cómo podemos meditar las Escrituras a través de la oración y en ese proceso escuchar la voz del Señor.

Este capítulo, a diferencia del anterior, no está dividido en días de trabajo, pero el capítulo en sí mismo no es ligero. Hay bastante trabajo por hacer. Mi sugerencia es que lo hagas de una sentada o máximo en dos. Pero ojalá no lo dividas en más días. Si lo haces a conciencia será como una especie de mini «retiro personal» en el que buscarás la presencia de Dios.

Mi oración es que esta manera de acercarte al Señor te cautive y te anime a aplicarla cada día al cerrar tus tiempos con Él. Este camino me ha ayudado a desarrollar mi vida de intimidad en la presencia de Dios, a escuchar Su voz y a recibir convicción en mi corazón en las formas en las que solo mi Padre puede hacerlo.

La oración no es opcional

Hace poco conversaba con una amiga que me decía que cuando oraba y quería expresar lo que había realmente en su corazón a Dios, simplemente no encontraba las palabras y terminaba con una oración de una línea. Un año atrás me encontré por las redes a un *influencer* muy conocido que decía que sus oraciones solían ser bastante superficiales y que no entendía cómo es que uno podía pasar más tiempo en oración delante de Dios.

Nada de esto se me hace ajeno. Yo sé muy bien lo que es ver a Dios como el genio de la lámpara mágica, quien supongo que está a mi disposición y por eso le elevo oraciones llenas de peticiones como si fueran un monólogo aburrido. No puedo decir que en ese tiempo en mi vida espiritual no quería más de Él, pero sí puedo decir que no sabía que podía tenerlo, cómo alcanzarlo o que eso siquiera fuese posible.

En contraposición con todas esas experiencias humanas tan comunes encontramos en la Biblia que su libro más largo es el de las oraciones, es decir, el libro de los Salmos. Es tan largo, que Isaías, el libro que le sigue en longitud, contiene la mitad de contenido. Esto no debería dejar de sorprendernos. Dios no solo quiere hablarnos, sino que también espera que le hablemos y nos da palabras inspiradas por Él mismo que reflejan todos los estados del alma del ser humano para poder hacerlo.

Eso es asombroso.
Dios quiere escucharnos.
El Creador del universo está deseoso de escuchar la voz de los que son suyos,
a pesar de que Él ya lo sabe todo.
¿No te parece impresionante?

Dios está interesado en ti, en establecer una relación cercana e íntima contigo. En este sentido, Donald Whitney nos exhorta diciendo:

Date cuenta de que es una persona, el Señor Jesucristo, con toda autoridad y con todo amor, quien espera que oremos. Estos extractos de Sus palabras muestran que Él en persona espera que oremos:

- Mateo 6:5: «Cuando ustedes oren...».
- Mateo 6:6: «Pero tú, cuando ores...».
- Mateo 6:7: «Y al orar...».
- Mateo 6:9: «Oren de esta manera...».
- Lucas 11:9: «Así que Yo les digo: pidan [...]; busquen [...]; llamen...».
- Lucas 18:1: «Jesús les contó una parábola para enseñar*les* que ellos debían orar en todo tiempo».[3]

3. Donald Whitney, *Disciplinas espirituales para la vida cristiana*, 89.

De modo que nuestro Señor suponía que oraríamos. Cada uno de esos versículos da por sentado que ya lo estamos haciendo. Ahora, sinceramente, ¿cómo está nuestra vida de oración? ¿Se escucha más como una larga lista de peticiones bastante esporádicas? Quizás estamos cansados de repetir el mismo monólogo cada día o hemos hecho nuestras las palabras de Pablo cuando nos exhorta a orar sin cesar (1 Tes. 5:17) porque nuestra vida de oración es la expresión de una relación profunda con el Señor.

La oración es nuestra respuesta a Dios. Así es cómo respondemos a Su revelación. Oramos porque es el medio de conexión que Él ha establecido para que seamos escuchados y que lo escuchemos. No necesitamos de terceras personas para acercarnos a Dios porque Jesús es nuestro perfecto mediador y Su Espíritu ha venido a vivir en nosotros. No existe expresión de intimidad y unidad más fuerte y profunda que esa.

No necesitamos hacer esfuerzos, ritos, sacrificios o repetir frases específicas para ser escuchados por Dios. Él ha prometido estar cerca para siempre. Él ya vino a morar en nosotros, pero nos cuesta entrar en conciencia de que esa realidad está ocurriendo ahora mismo.

Dios quiere tener una relación profunda e íntima contigo.
La obra de Jesucristo en la cruz y la resurrección de entre los muertos es la garantía de que el deseo de Dios es posible.
Esa relación no puede existir lejos de una comunicación de dos vías.

Esa relación no se construye con una lista de peticiones al genio de la lámpara mágica.

Esa relación se construye al escuchar Su voz y dirigir a Él la nuestra.

Es íntima.
Es única.
Es incomparable.

Fuimos creados para tenerla.
Dios quiere dárnosla.

Ahora, lo que vi en mi propia vida y veo en la de otros es que las oraciones son vacías, carentes de palabras o simplemente llenas de peticiones. ¿Por qué pasa esto? Eso sucede porque hemos olvidado el punto que une la lectura bíblica y la oración:

La meditación en las Escrituras.

Presta mucha atención a las palabras del puritano Thomas Manton:

> La meditación es un tipo de deber intermedio entre la Palabra y la oración, y considera a ambas. La Palabra alimenta la meditación y la meditación alimenta la oración. Estos deberes siempre deben de ir de la mano; la meditación debe ir después de oír y preceder a la oración. Oír y no meditar es infructuoso. Podemos oír y oír, pero es como meter cosas en una bolsa con agujeros. [...] Es una imprudencia orar y no meditar. Lo que asimilamos mediante la Palabra, lo digerimos en la meditación y lo liberamos en la oración. Estos tres deberes deben ser ordenados de manera que ninguno excluya a otro. Las oraciones de los hombres son infértiles, áridas y débiles porque ellos no se ejercitan en sus pensamientos santos.[4]

Esta es exactamente la razón por la que hemos terminado nuestros ejercicios de meditación con una reflexión escrita en forma de oración. Pero este no es el final de la historia. El camino hacia la intimidad con Dios es insondable porque Él es inagotable, como decía J. T. English. Nuestras oraciones escritas serán el conector hacia lo que viene:

Una oración meditativa.

---

4. Thomas Manton, *The Complete Works of Thomas Manton* (Worthington, PA: Maranatha Publications, *s. d.*, 1979), 272-273.

El nombre lo elegí intencionalmente para que nunca olvidemos que no queremos orar separados de la única Palabra que da vida.

Hasta que el agua hierva

Voy a reducir ansiedades explicando rápidamente en qué consiste esta forma de oración y luego procederé a detallar cada paso para que no te pierdas en el proceso. Tal como te dije al inicio del capítulo anterior, mi objetivo no solo es describir los métodos, como se hace en la mayoría de los libros, sino que quiero entrar al detalle de cada uno y guiarte, porque sé que de esa forma hay más posibilidades de que lo lleves a cabo.

Quiero que recuerdes la primera vez que aprendiste a hacer algo que requería de varios pasos. Pongamos el ejemplo de los muchos pasos que deben seguirse para aprender a manejar. Durante esas primeras clases de manejo tuve que estar atenta a absolutamente todos los detalles: mis pies, mis manos, todos los espejos, adelante, atrás, la ruta a seguir, los otros autos...

Fue tan terrible esa primera experiencia que, en plena clase de manejo, un auto pasó a mi lado y me gritó: «¡Aprende a manejar!».

Gracias a Dios, eso mismo estaba intentando hacer.

Creo que me he vuelto una muy buena conductora con el pasar de los años. Manejo recordando todos los pasos casi en automático. Eso mismo sucede con cada proceso que aprendemos, al principio cuesta seguirlos y hay que recordar el detalle de forma muy consciente, pero con la práctica uno los domina con extrema facilidad.

Este proceso de oración meditativa requerirá, al inicio, tu atención en cada paso. Sin embargo, mientras más lo practiques, puedo asegurarte de que será uno de los medios favoritos que elegirás para escuchar la voz de Dios.

Me gusta llamar a esta forma de meditación: «Hasta que el agua hierva». Es un recordatorio personal de que, si el agua está encima del fuego y la mantengo ahí, tarde o temprano va a hervir. Quizás hay variables que hagan que el agua demore en hervir, por ejemplo, la temperatura del agua o la altitud de la zona donde la hierves puede hacer que el agua demore más o menos tiempo. Pero hervirá si está en el fuego el tiempo suficiente.

Lo mismo sucede con nuestro corazón al iniciar un proceso espiritual, puede que al principio cueste. Sobre todo si no has desarrollado una vida quieta, no sabes estar cómodo con el silencio o todavía estás aprendiendo a depender de las Escrituras y tener una mente reflexiva. Te darás cuenta de que para calentar el agua no hay atajos, necesitarás tiempo y trabajo para seguir esa ruta.

Amigo mío, es posible que haya hielo que necesitas descongelar en el corazón.
Pero recuerda esto: Nadie está más interesado que Dios en descongelarlo.
Así que permanece fiel y constante: hasta que el agua hierva.

A continuación te narraré mi método de oración meditativa «Hasta que el agua hierva», el mismo que uso al cerrar mis tiempos con el Señor:

1. Llevo a cabo mi tiempo de lectura y meditación de la Palabra, el mismo que hemos desarrollado en detalle en el capítulo anterior.
2. Una vez que termino mi tiempo de lectura y meditación, elijo un lugar en el que pueda estar en quietud y silencio.
3. Me tomo un tiempo para recordarme cómo me ve Dios a través de Cristo.

4. Cierro mis ojos y me imagino un lugar de quietud para estar con el Señor.
5. Tomo aquella oración que escribí al cierre de mi meditación y ahora la continúo de forma verbal con mi Señor, disponiéndome a escucharlo también.

Ok, sé que esto puede verse muy extraño al explicarlo de esta manera tan breve. Pero si empezaba punto por punto, sería más difícil de entender la imagen completa. De modo que apliqué el método: «arranca la curita». Ahora sí procederé a detallar este proceso de meditación un punto a la vez.

A. La quietud y el silencio

Me fascina leer la historia de cuando Elías estaba agotado emocional y físicamente producto de sus difíciles circunstancias, se sentía oprimido y estaba listo para renunciar a la misión que Dios le había encomendado. El hombre estaba completamente drenado, pero tuvo una experiencia personal con Dios a través de la cual Él le habló. El texto dice así:

> En ese momento el SEÑOR pasaba, y un grande y poderoso viento destrozaba los montes y quebraba las peñas delante del SEÑOR; *pero* el SEÑOR no *estaba* en el viento. Después del viento, un terremoto; *pero* el SEÑOR no *estaba* en el terremoto. Después del terremoto, un fuego; *pero* el SEÑOR no *estaba* en el fuego. Y después del fuego, el susurro de una brisa apacible. Cuando Elías *lo* oyó, se cubrió el rostro con su manto, y salió y se puso a la entrada de la cueva. Y una voz *vino* a él. (1 Rey. 19:11-13a)

Nunca deja de sorprenderme cómo Dios irrumpe en medio de nuestro propio caos. Cuando sentimos que no damos más y estamos sumidos en el terror y el pánico o aún en la máxima euforia, Dios no busca hablarnos usando estos mismos estados emocionales frenéticos en los que nos encontramos. Lo vemos con Elías: no habló en la fuerza del viento, no habló en el terremoto, no habló en el fuego... ¿dónde habla el Señor?

En el susurro de una brisa apacible.
A Dios no se lo escucha en el frenesí.

El ritmo, la bulla, el desorden, el caos, será como una pared delante de ti
una
y
otra vez.

Si queremos experimentar escuchar la voz del Señor necesitamos bajarle a la vida unas cinco rayitas de intensidad. Si necesitas regresar a los dos primeros capítulos, hazlo. Si necesitas ser más exhortado al respecto lee *Elimina la prisa de tu vida*, de John Mark Comer.

Pero si sigues viviendo a un ritmo frenético te será muy difícil escuchar el susurro de Dios.

El Dios que habita dentro de ti quiere que todas las voces que te están ahogando sean silenciadas para que Su voz domine tu interior por completo. Lo cierto es que Dios puede usar lo que Él quiera para hacernos entrar en razón. Puede tratarse de un freno en seco que no esperábamos, ¿sabes por qué? Porque somos tan necios que de otra forma no entendemos.

De modo que, no esperes al freno en seco para entrar en quietud.

Ordena tu vida con las formas que sean necesarias para que puedas oír el susurro de Dios cada día, en lugar de ahogarte en medio de las voces distractoras de este mundo y de nuestra generación.

Entonces, lo primero que necesitamos es tener un espacio tranquilo. Dado que este paso está unido a nuestro tiempo reflexivo en la Palabra, eso simplemente debería ser una continuación de lo que ya se supone que venimos haciendo.

Ahora, aquí un consejo práctico. Uno de los enemigos de la oración son las distracciones: pensamientos, pendientes, ideas, preocupaciones y un largo etcétera que estoy segura entiendes. Hay dos observaciones que quiero hacerte cuando estas distracciones empiecen a venir:

1. Si es un pensamiento irrelevante no le des mayor atención, así como llegó el pensamiento déjalo ir.
2. Sin embargo, sí hay pensamientos distractivos que además pesan el corazón. Bonhoeffer anima a no ser impaciente con uno mismo, sobre todo porque estos pensamientos distractores vendrán, y al inicio serán muchos más de los que quisieras. De modo que él nos anima a que los hagas parte de tu oración y mientras oras vuelvas al lugar de quietud donde estabas.[5]

B. ¿Qué piensa Dios sobre ti?

Somos excelentes para pensar sobre nosotros mismos sin considerar lo que Dios ha dicho. De modo que se nos hace súper fácil acercarnos al Señor desde nuestro propio punto de vista, pasando por alto todo aquello que el Señor ya ha declarado sobre nuestra realidad y lo que ha hecho y consumado a nuestro favor en las Escrituras. Por eso para mí es fundamental que cada vez que me acerque al Señor lo haga recordando cómo es que Él me ve, tal como está revelado en las Escrituras, y no cómo yo supongo que me está viendo.

Conozco a varios que luchan mucho con acercarse al Señor después de pecar. Esa ha sido una batalla también para mí. Sentía que debía castigarme un rato antes de poder ir al Señor. ¿Cómo va a ser tan fácil acercarme a Dios después de

5. Dietrich Bonhoeffer, *Meditating on the Word*, 26.

pecar? Mejor me pego un poco de latigazos para sentir que estoy recibiendo lo que merezco, antes de volver al Señor.

¿Te suena familiar?

Somos muchos en esa lista. Sin embargo, cada vez que hacemos esto estamos haciendo nula la obra de Cristo. El castigo lo ha recibido Él y Dios el Padre ha estado satisfecho con la obra de Su Hijo. A Dios le ha placido no castigarte a ti, sino recibirte en el trono de la gracia. El apóstol Juan lo resume de manera magistral: «Hijitos míos, les escribo estas cosas para que no pequen. Y si alguien peca, tenemos Abogado para con el Padre, a Jesucristo el Justo» (1 Jn. 2:1).

Entonces, ¿cómo nos ve Dios?

Quisiera darte un momento para que escribas en tu cuaderno cómo crees que Dios te ve, tal como estás acostumbrado a pensarlo:

> ¿Qué crees que está pensando de ti cada vez que empiezas a orar? Escríbelo.
> ¿Qué dice cada vez que le fallas? Escríbelo.
> ¿Qué piensa cada vez que te ve ajetreado? Escríbelo.
> ¿Cómo reacciona cada vez que te ve sufrir? Escríbelo.
> ¿Qué opinión general tiene de ti? Escríbelo.
> ¿Qué siente cuando te ve ansioso? Escríbelo.

Estas son algunas preguntas para darle rienda suelta a tu escritura con tus propias respuestas. Sé sincero contigo mismo y escribe lo que de verdad piensas, no aquello que acostumbras pensar o te han enseñado a creer, sino aquellas creencias que tu corazón ha albergado y arraigado a lo largo de tu vida.

Quiero pedirte que no sigas adelante en la lectura del libro hasta que termines este ejercicio en tu cuaderno de trabajo. Es bueno y necesario verbalizar lo que hay en nuestro corazón para que después tomemos las verdades liberadoras de las Escrituras y las contrastemos con nuestros pensamientos. Así podemos entregarle a nuestra alma palabras de vida que salen del corazón de Dios. Veamos algunas de esas verdades eternas que salen del corazón de nuestro Padre:

Tú y Dios están en paz:

> Por tanto, habiendo justificados por la fe, tenemos paz para con Dios por medio de nuestro Señor Jesucristo. (Rom. 5:1)

Esta realidad es incomprensible para mí, especialmente porque sé que no doy la talla. Muchas veces necesito creer que Dios está molesto por mis pecados, porque eso es lo que me merezco. Pero las Escrituras me declaran lo contrario:

Hay paz entre Dios y yo por Cristo.

Esa paz me permite acercarme al Señor sabiendo que no seré destruida, que no me espera un látigo, sino que puedo acercarme en la libertad que Cristo ganó a mi favor en la cruz. Soy Su hija, no soy más Su enemiga y Él me recibe en Su presencia.

Dios se regocija en tu vida:

El SEÑOR tu Dios está en medio de ti,
Guerrero victorioso;
Se gozará en ti con alegría,
En Su amor guardará silencio,
Se regocijará por ti con cantos de júbilo.

(Sof. 3:17)

Este ha sido por varios años uno de mis versículos favoritos, y uno que me sorprendió demasiado cuando lo entendí. ¿Cómo así que Dios se regocija en mi vida? ¿Acaso no conoce mi vida? Ni yo me suelo regocijar en ella. Pero las Escrituras me dicen que se regocija tanto que canta jubilosamente por mi vida.

Estas palabras me recuerdan cuán inmenso ha sido Su amor por mí y que tal es Su deseo de tenerme cerca que se entregó a sí mismo en la cruz. Él dio la milla extra y la adicional también, lo dio todo, y haberme redimido con Su sangre le produce tanto gozo que canta de júbilo. ¡Qué locura tan incomprensible! ¿Qué te hace a ti cantar de alegría? Tiene sentido pensar que por eso Nehemías le dijo al pueblo durante tiempos muy difíciles: «No se entristezcan, porque la alegría del Señor es la fortaleza de ustedes» (Neh. 8:10b). ¿Te das cuenta? No solo no eres una carga para Dios, sino que el gozo que Él tiene por tu vida, además te fortalece.

No hay ira de Dios disponible para el que ha sido redimido por Dios:

Pero Él fue herido por nuestras transgresiones,
Molido por nuestras iniquidades.
El castigo, por nuestra paz, *cayó* sobre Él,
Y por Sus heridas hemos sido sanados.

Pero quiso el Señor
Quebrantarlo, sometiéndo*lo* a padecimiento.

Cuando Él se entregue a Sí mismo *como* ofrenda de expiación,
Verá a *Su* descendencia,
Prolongará *Sus* días,
Y la voluntad del SEÑOR en Su mano prosperará.

(Isa. 53:5,10)

Tanto nos cuesta aceptar la gracia de Dios que las palabras de Isaías me conmueven profundamente. El texto explícitamente dice: «Pero quiso el SEÑOR quebrantarlo, sometiéndolo a padecimiento», y antes dice: «El castigo, por nuestra paz, cayó sobre Él». Oh Señor, «Quiso el Señor»... la voluntad de Dios el Padre fue quebrantar a Su propio Hijo, castigarlo a Él por mis pecados, para que yo recibiera Su paz. Qué obra tan insólita es el evangelio. Cuán difícil es entender la obra de Cristo. No quedó ni una gota de la ira de Dios para mí. En Cristo he sido librada del castigo.

Qué realidad tan sobrecogedora y abrumadora es la que experimentamos al recibir ese favor sin merecerlo en absoluto.

Dios quiere que descanses en Él:

Acuérdense de las cosas anteriores ya pasadas,
Porque Yo soy Dios, y no hay otro;
***Yo soy* Dios, y no hay ninguno como Yo,**

Que declaro el fin desde el principio,
Y desde la antigüedad lo
que no ha sido hecho.
Yo digo: «Mi propósito será establecido,
Y todo lo que quiero realizaré».

(Isa. 46:9-10)

No existe sobre la faz de esta creación una situación que escape de las manos del Creador del universo. R. C. Sproul solía decir que si un solo átomo de la creación se escapara de la soberanía de Dios, todo el universo se vendría abajo. Él es Señor. Él es Rey. Él gobierna. Y nada puede opacar esa realidad, ni aún el mayor caos registrado en la historia. Él quiere que Sus hijos aprendan a confiar en Su soberanía y eso también implica que dejemos en Sus manos aquello a lo que nos aferramos.

Nada te puede separar de Dios:

> Porque estoy convencido de que ni la muerte, ni la vida, ni ángeles, ni principados, ni lo presente, ni lo por venir, ni los poderes, ni lo alto, ni lo profundo, ni ninguna otra cosa creada nos podrá separar del amor de Dios que es en Cristo Jesús Señor nuestro. (Rom. 8:38-39)

A veces creemos que todavía vivimos separados de Dios, pero las palabras de Pablo me animan profundamente porque me recuerdan que «ninguna otra cosa creada» puede separarme de mi Señor, incluyéndome a mí. No solo no puede separarme de Él, sino que Dios se dio a Sí mismo en la cruz sabiendo todo lo que yo haría. Mi vida no lo toma por sorpresa. Él me conoce mejor de lo que yo me conozco a mí misma, sabe de qué soy capaz. Aun así ha determinado la realidad de nuestra unión con Él a través de Cristo porque de esta forma será Su gloria la que será desplegada en vidas como las nuestras. Ese es el milagro que lo revela finalmente a Él y no a nosotros.

Eres amado y aceptado:

> Bendito *sea* el Dios y Padre de nuestro Señor Jesucristo, que nos ha bendecido con toda bendición espiritual en los *lugares* celestiales en Cristo. Porque Dios nos escogió en Cristo antes de la fundación del mundo, para que fuéramos santos y sin mancha delante de Él. En amor nos predestinó para adopción como hijos para Sí mediante Jesucristo, conforme a la buena intención de Su voluntad, para alabanza de la gloria de Su gracia que gratuitamente ha impartido sobre nosotros en el Amado. (Ef. 1:3-6)

¿Sabes lo que significa que seas aceptado por Dios? ¿Recuerdas que hace poco vimos que Dios no se contradice? Dios no es como nosotros que un día podemos estar bien con alguien y al día siguiente nuestro humor o circunstancias cambian, y entonces nuestra relación puede verse afectada. No. Dios es inmutable, Él no se contradice, lo que Él dice, eso es. La obra de Cristo se consumó en la cruz del Calvario, es en Él en quien has sido aceptado y por esa razón eres amado profundamente por tu Padre celestial.

Sé que no hemos visto todo lo que la Escritura dice sobre cómo nos ve Dios a través de Cristo, pero he elegido algunas de las verdades más relevantes. Entonces, quiero que te tomes unos momentos para que vuelvas a escribir tu respuesta ahora que has repasado lo que Dios dice en la Palabra:

¿cómo te ve Dios?

Lo que escribas será importante porque te servirá de ancla y punto de partida cada vez que sientas que no mereces acercarte a Dios, cuando quieras castigarte un rato a ti mismo o te sea difícil comprender Su amor por ti. De hecho, te animo a que escribas dejando espacio para seguir llenándolo conforme sigas aprendiendo cómo te ve Dios a través de Cristo.

Volver a este último escrito será un punto de partida útil cada vez que entres en oración, hasta que estas verdades se hayan apropiado de tu corazón.

C. La imaginación a nuestro favor

Siempre me sorprendo de lo creativa que es mi mente. Suelo decir que si no la controlo, tiene la habilidad para imaginarse los peores escenarios de situaciones que pueden terminar generándome ansiedad. Es posible que tu mente no tenga esa capacidad de pasarse películas catastróficas de los «qué tal si» en la mente, pero de lo que sí tiene capacidad es de usar la imaginación y crear escenarios ficticios o recrear escenarios reales.

La imaginación es un regalo de Dios y puede ser una herramienta a nuestro favor durante la oración meditativa. Hay una frase de Richard Foster al respecto que me hizo pensar mucho. Él dice que la «imaginación con frecuencia le abre las puertas a la fe».[6] Lo que Foster está diciendo es que usar nuestra imaginación para conceptualizar algo nos ayuda a verlo como una posibilidad. Usamos nuestra imaginación para poner en la mente algo concreto en qué pensar. Poner en nuestra mente algo concreto nos saca de lo abstracto y nos permite pensar en términos más específicos. Eso no solo anima al corazón, sino que ve posible lo imposible en nuestra mente y nos impulsa a orar a Dios con más fervor y certeza.

De hecho, estoy convencida de que esa es una de las razones por las que frecuentemente Dios nos llama a recordar Sus obras. Ese mismo llamado a recordar y usar la imaginación lo encontramos en lo salmos de una manera muy vívida:

---

6. Foster, *Celebration of Discipline*, 50.

Oh Dios, con nuestros oídos hemos oído,
Nuestros padres nos han contado
La obra que hiciste en sus días,
En los tiempos antiguos:
Tú con Tu mano echaste fuera
a las naciones,
Pero a ellos los plantaste.
Afligiste a los pueblos,
Pero a ellos los hiciste crecer.
Pues no fue por su espada que tomaron
posesión de la tierra,
Ni fue su brazo el que los salvó,
Sino Tu diestra y Tu brazo,
y la luz de Tu presencia,
Porque te complaciste en ellos.

(Sal. 44:1-3)

Es imposible que un pasaje así no cautive nuestra imaginación. ¿Por qué es tan importante recordar e imaginar? Porque se nos hace más fácil considerar aquello que percibimos más clara y vívidamente. A eso se refiere Foster cuando dice que «le abre las puertas a la fe». No significa que se va a cumplir algo por imaginarlo, como lo plantearía una filosofía medio mística, sino que nos ayuda al orar porque fortalece nuestra confianza.

Por ejemplo, ver a una pareja dar testimonio de su matrimonio restaurado por Dios desde las cenizas nos ayuda a creer que sí es posible que Dios haga ese milagro también para nosotros.

Cuando escuchamos un testimonio milagroso de sanidad, nos fortalece y nos anima a creer que Dios es todopoderoso y en Su voluntad puede hacer lo mismo en nuestras vidas o en la de algún familiar.

Una de las frases que suelo repetirme a mí misma es: «Puedes usar tu imaginación para hundirte en tu ansiedad o usarla como apoyo para orar con certeza recordando que tu Dios siempre está de tu lado». Entonces, quisiera animarte a usar tu imaginación para gloria de Dios y para tu propio bien.

¿Cómo usamos nuestra imaginación?

No la usaremos para crear situaciones extravagantes o místicas. Queremos usar nuestra imaginación para crear en la mente un escenario que se base en aquello que la Biblia nos muestra con absoluta claridad: Jesús está con nosotros todos los días (Mat. 28:20). De modo que vamos a usar nuestra mente para llevar esa realidad a nuestros pensamientos.

La primera vez que hice este ejercicio fue gracias a mi amiga Alejandra Sura. Ella me animó a imaginarme «el lugar prometido», como ella lo llama. Debía ser un espacio libre de mal y creado en mi imaginación. Un espacio donde podría encontrarme con el Señor para conversar y donde mi concentración podría arraigarse. Mi mente se imaginó un lugar que para mí era como el Edén. Ese espacio, en el pasto fresco bajo la sombra de un árbol, se volvió mi lugar favorito para sentarme en mi imaginación y conversar con mi Señor.

Entonces, quisiera darte un tiempo para que puedas escribir en tu cuaderno de trabajo un lugar donde te gustaría encontrarte con tu Señor. Puedes orar y pedirle al Señor que te ayude a construirlo. El límite es tu propia creatividad. Solo procura recordar que donde está Dios no hay mal, no hay daño, hay paz, quietud y gozo. No olvidemos cómo lo expresa el salmista: «Tributen al SEÑOR la gloria que merece su nombre; adoren al SEÑOR en la hermosura de su santidad» (Sal. 29:2, NVI).

Con eso en mente, tómate unos minutos para describir ese lugar en tu cuaderno.

Este paso es útil porque cuando lleves a cabo el ejercicio, tu propio trabajo descriptivo te ayudará a colocar tu concentración en algo concreto, de modo que tu enfoque tendrá dónde apoyarse.

D. Entrando en oración

Ya tenemos nuestras herramientas previas establecidas para entrar en oración:

A. Disponernos en silencio y quietud a través de la Palabra previamente meditada.
B. Recordando cómo nos ve Dios a través de Cristo.
C. Habiendo definido nuestro lugar de encuentro a través de la imaginación.

Quiero que elijas uno de los versículos utilizados para describir cómo nos ve Dios a través de Cristo porque vamos a entrar a meditar en Él. Para los fines de este ejercicio he elegido Isaías 53:10 y para el trabajo meditativo elegiré el ejercicio de paráfrasis. Tú eres libre de elegir cualquier versículo de esa lista y el ejercicio del capítulo anterior que prefieras para hacerlo en tu cuaderno.

Este es mi ejercicio de paráfrasis de Isaías 53:10:

Mi Dios quiso herir a mi Señor, lo sometió al dolor más grande jamás experimentado. Pero cuando Él se dé a sí mismo como un sacrificio por el pecado, Su descendencia crecerá, larga vida vendrá por delante. La decisión de Dios encontrará prosperidad porque ha sido Su mano quien la ha dirigido.

¡Qué texto tan abrumador y hermoso a la vez! ¿Cómo te fue a ti con tu ejercicio?

Procedamos ahora a nuestra oración escrita. Aquí va la mía, puedes hacer lo mismo en tu cuaderno:

> *Padre, me sobrecoge pensar que heriste a tu Hijo a mi favor, para que yo sea parte de tu descendencia bajo tu paternidad. ¿Qué tipo de amor es este que no lo entiendo? ¿Cómo sometiste al Santo y único Bueno a sufrir y a recibir mi castigo? No entiendo tu amor por mí, pero solo sé que no existe nadie que me ame como tú, y yo quiero vivir unida a ti para siempre. No hay bien lejos de ti. No hay plenitud fuera de tu presencia. No me dejes olvidarlo jamás. Eres el amor más maravilloso y yo quiero vivir conociéndote cada día más.*

La gloria de la Palabra viva de Dios es que nos proporciona palabras para seguir buscando en intimidad a nuestro Padre.

De modo que ahora quiero animarte a cerrar tus ojos e ir al lugar de encuentro que has pensado previamente. Ese lugar que has dispuesto para encontrarte con Jesús y conversar con Él continuando tu oración escrita.

Deja que tu corazón se encuentre con el Señor.
Deja que tu imaginación te sirva como herramienta para afirmar tu concentración y fortalecer tu confianza.
Recuerda cómo te ve tu Señor.
Recuerda que a Dios le gusta tanto estar contigo que canta de alegría.
Cierra tus ojos y continúa esa oración que escribiste, ahora de forma verbal.
Recuerda la vulnerabilidad de San Agustín y la intimidad que anhelas con tu Señor.
Deja que el texto meditado te dé palabras para llevarlas delante del trono de la gracia.

Una vez que termines de hablar, espera.
Silencio.
¿Qué palabras de Jesús vienen a tu mente con respecto a lo que acabas de decirle?
Espera.
Sigue conversando en oración con el Señor, pero a la vez pídele al Espíritu de Dios que intervenga y le hable a tu corazón.

J. Oswald Sanders dice que «la ayuda que el Espíritu nos da cuando oramos se menciona en la Biblia con más frecuencia que cualquier otra ayuda de Su parte».[7] Entonces confía que no estás orando solo sino que es el Espíritu mismo que te impulsa, ayuda y fortalece en medio de tu oración (Rom. 8:26-27; Ef. 6:18; Jud. 1:20), porque como dice Sanders: «el Espíritu se deleita en ayudarnos a orar».[8]

Confía en esa realidad y recuerda, espera en silencio: Hasta que el agua hierva.
Tómate el tiempo que necesites antes de continuar con la lectura.

Déjame hacer una acotación importante aquí. El Señor nunca responde de la forma en que yo me hablo a mí misma. Él es manso, humilde, paciente, amoroso, tierno e infinitamente sabio. Su objetivo no es destruirme, sino restaurarme, exhortarme, animarme, amarme, convencerme y cuidarme como el Buen Pastor que me atrae con lazos de amor. Entonces, sé intencional en recordar el carácter de Cristo que las Escrituras han revelado mientras oras.

Tómate el tiempo necesario para hacer este cierre y disfruta del tiempo a solas con Dios.

---

7. J. Oswald Sanders, *Liderazgo espiritual* (Grand Rapids, MI: Editorial Portavoz,1995), 90.

8. *Ibid.*, 91.

Ordenando nuestros tiempos con Dios

Mi deseo en este capítulo es haberte guiado a desarrollar una vida de oración más profunda a través de la Biblia, al darte palabras para hablar con Jesús. Pero también haciendo uso de las herramientas que Dios mismo nos ha dado para pensar en realidades que las Escrituras dicen que están ocurriendo ahora mismo y que son verdad.

Me anima tanto saber que Dios es el más interesado en desarrollar una vida íntima junto a mí. Que mi necesidad de ser conocida y de conocerlo encuentra su inicio y su final en Él, que me llena de certidumbre saber que la intimidad es el camino hacia una vida plena en Cristo, porque como dijo Jesús: ahí está la vida eterna (Juan 17:3).

Hasta este punto hemos visto muchas herramientas, cambios de hábitos y desafíos que necesitamos asumir para seguir creciendo en intimidad con nuestro Señor. Mi propósito ha sido enseñarte lo que muchos hombres y mujeres de Dios han desarrollado a lo largo de la historia de la Iglesia.

No puedo decirte cómo adaptarlo a tu caminar diario, pero sí puedo decirte que nada vale más la pena que el buscar que tu vida se adapte en torno a la recuperación y mantenimiento de tu primer amor. Porque ahí está la vida abundante, la plenitud de tu alma, aquella que anhelas con desesperación y para la cual Dios te salvó.

Si bien este modelo de oración meditativa está planteado como un método, te darás cuenta de que en la medida en la que más practiques ir al encuentro de Jesús para escuchar Su voz, más fácil será para ti tener un canal de comunicación «portátil», y entenderás por qué Pablo decía que oremos sin cesar (1 Tes. 5:17). Mientras más desarrolles un corazón quieto, más fácil será escucharlo donde quiera que estés.

No importa si a tu alrededor hay vientos destructores, terremotos o fuegos abrasadores, porque te habrás entrenado para escuchar el susurro de la brisa apacible: la voz del Amante de tu alma.

CAPÍTULO 8

VIVIENDO PARA ÉL

Hemos llegado al último capítulo del libro. Aunque he compartido contigo el hermoso camino hacia una intimidad con Jesús, no puedo terminar de escribir estas páginas sin decirte cómo luce una vida que camina en esa intimidad.

La intimidad con Cristo no puede producir otro resultado sino el de llevarnos a ser verdaderos discípulos que viven vidas santas y radicales para nuestro Señor. Cristianos que entendieron que el morir a nosotros mismos es la verdadera ganancia porque es a Él a quien ganamos (Fil. 1:21).

A lo largo de la historia de la Iglesia se han escrito testimonios de hombres y mujeres que entendieron muy bien esa realidad. Muchos de ellos mártires, otros de ellos tuvieron vidas de servicio sacrificial que hoy nos parecen insólitas. Personalmente me confrontan una y otra vez, así como también me conmueven y me recuerdan el largo camino que aún me queda por recorrer.

Algunos han dejado sus palabras en las páginas de la historia que hoy despiertan nuestro corazón y nos llevan a preguntarnos si estamos listos para pronunciar esas mismas frases. Confieso que leerlos solo como algo que había sucedido en el pasado me inspiraba, pero a la vez me producía frustración.

Quería llegar a ese punto,
pero no veía el camino para vivir así.
Solo era un deseo que se iba apagando con otros deseos
que gritaban con más fuerza.

Sin embargo, en la medida en la que más me he dedicado a conocer a mi Señor y más he entendido Su dulzura, lo sublime que Él es, Su santidad, Su gloria... mi determinación de vivir para Él ha crecido y se ha apoderado de mi mente y corazón.

He llegado al punto donde puedo confesar que no hay otra forma de vivir la vida verdadera, abundante y plena.

Hace unos días leía unas páginas donde citaban a Amy Carmichael, una misionera irlandesa que dedicó su vida a rescatar niños de la trata de personas en la India. Sus palabras dicen así:

> Dios, enduréceme en contra de mí misma, la cobarde con voz patética que anhela una vida fácil, de descanso y gozo. Yo soy mi propia archienemiga, mi amiga más falsa, yo que fallo, yo que busco el camino de la facilidad y de la autoindulgencia. Hazme fuerte, hazme valiente, hazme verdadera, para que nunca más sea desviada por mis propios deseos.[1]

La razón por la que Carmichael había entendido que ella era su peor enemiga y lo egoísta que era su propio corazón, es porque había conocido profundamente a Dios.

Ese trabajo necesario de conocer a Dios es lo que todos Sus hijos debemos hacer por el resto de nuestras vidas.

Tendemos a anhelar vidas carentes de dificultades y que consigan todo con el mínimo esfuerzo posible. Nuestra sociedad ha sobrexaltado la autoindulgencia. La cultura de nuestros días nos anima a «escuchar nuestro corazón», como si hacer lo que queramos fuera la fuente de verdad absoluta. Nos afirma que siguiendo nuestros deseos, emociones e impulsos sin ser estorbados en lo más mínimo, estaremos siempre en lo correcto y alcanzaremos la tan ansiada felicidad.

---

1. Esta oración es citada por J. Oswald Sanders en su libro *Liderazgo espiritual*. La cita original fue tomada con permiso de la *Christian Literature Crusade*, Fort Washington, PA.

Los cristianos hemos caído en la trampa de esos pensamientos engañosos sin cuestionarla.

Creemos que de nuestro corazón solo brotan deseos justos y necesarios. No nos detenemos a observarnos ni a evaluarnos con seriedad y sinceridad. Sin embargo, contrario a todos esos pensamientos contemporáneos, la Biblia nos exhorta y nos recuerda que no hay nada más engañoso que el corazón (Jer. 17:9).

¿Qué pasó con la Iglesia de Cristo que cayó en esa mentira tan grande?

Mi teoría es que nos hemos alejado del Dios de la Biblia y nos hemos acercado al ídolo fabricado por las ideologías de nuestros días. Nuestra actitud es como si fuéramos al genio de la lámpara mágica que solo está dispuesto a concederme todo lo que quiero, ya que me lo merezco porque, a fin de cuentas, no soy tan mala comparada con mi vecina que lleva una vida desordenada.

Todo se trata de mí.

Pero pensar así se aleja por completo de las Escrituras. Necesitamos reconocer que nuestro corazón es engañoso y que el mundo no gira alrededor de nosotros. Necesitamos ver quiénes somos en nuestro verdadero estado, pero ¿cómo hacemos eso si todos permanecemos en la oscuridad?

Cuando conoces a Dios

Hay solo un camino.
Es conociendo el único corazón puro que existe, el cual ha sido revelado en la Palabra.
Porque es en la luz que todo lo que estaba escondido bajo la oscuridad se reconoce.

Dicen que el pez no sabe que está mojado, porque es la única realidad que ha vivido. Yo no puedo saber que soy pecadora hasta que no conozca a Aquel que no lo es.

Juan Calvino dijo:

> Es verdad que nadie llega jamás a adquirir un claro conocimiento de sí mismo si no ha contemplado el rostro de Dios y no se ha percatado de cómo Dios lo ve. El orgullo, que está arraigado en nosotros, nos conduce a considerarnos justos y honestos, sabios y santos, hasta que hayamos sido convencidos por los irrefutables argumentos de nuestra injusticia, de nuestras faltas, de nuestra necedad y de nuestra impureza. Esta convicción no se da mientras nos contemplamos únicamente a nosotros mismos y no a Dios, de quien brota la única regla con la que debemos medirnos, y la que debe regirlo todo.[2]

Fíjate cómo lo dice Calvino: «si no ha contemplado el rostro de Dios y no se ha percatado de cómo Dios lo ve».

Calvino no está hablando de conocer superficialmente a Dios, sino de tener intimidad con Él. De verlo cara a cara, contemplándolo y escuchándolo con la mayor atención. Solo así podré saber cómo es Él y esa realidad me dirá cómo me ve Dios; en consecuencia podré ver cómo soy yo.

Ese es el único camino para conocernos a nosotros mismos de verdad.

¿Cómo hacemos eso? A través de las Escrituras, en los tiempos de intimidad, de oración, de quietud. No podemos conocer a nadie en la prisa, sino contemplándolo con detenimiento.

Quiero hacerte una pregunta directa al corazón:

¿Quieres contemplar a Dios?

---

2. Juan Calvino, *Institución de la religión cristiana*, 4.

¿De verdad?
¿Hay deseos genuinos en tu corazón para llevar a cabo esa tarea?

Porque si ese no es un deseo en tu corazón, probablemente aún no has conocido a Aquel que salva. Entonces, antes de continuar leyendo necesitas ir delante de Él para confesar tu propio corazón y clamar por ayuda para desearlo a Él.

No hay ni existe absolutamente nada en esta vida que supere estar delante de Su presencia, contemplándolo, admirándolo, escuchando Su Palabra y recibiendo todo lo que Él quiere darnos cuando estamos delante de Él. Esa es la promesa de nuestra eternidad, verlo y estar con Él para siempre. Si aún no te has detenido delante del rostro de Dios, estás dejando pasar lo que tu alma redimida más reclama.

Por eso repito a San Agustín: «Nos hiciste, Señor, para ti, y nuestro corazón está inquieto hasta que descanse en ti».[3] Nuestra alma encuentra su lugar seguro cuando lo contemplamos, el lugar que la aquieta y que calma todos sus deseos insatisfechos.

Cuando lo contemplas, has llegado a casa.

Él es nuestro hogar y nuestro corazón estará inconforme hasta que lo llevemos a Su presencia. Conocer a Dios es la verdadera vida abundante, la que te sostiene en un mundo que se cae a pedazos.

Pero estar atento y escuchándolo en Su presencia no solo tiene el poder para llevarte a la vida abundante que ha prometido. También tiene el poder para no dejarte tal como estás. Él es el lugar donde podemos vernos a nosotros mismos tal y como realmente somos. La luz de la Palabra de Dios irradia sobre nuestra oscuridad dejando expuesta nuestra verdadera y real condición, clamando como Pablo:

---

3. San Agustín, *Confesiones*, i, i, 1.

¡Miserable de mí! ¿Quién me libertará de este cuerpo de muerte?

(Rom. 7:24)

Mi naturaleza me desesperaría si no fuera por Cristo, si no fuera porque la victoria ha sido consumada en la cruz del Calvario y puedo decir junto a Pablo:

Gracias a Dios, por Jesucristo Señor nuestro.

(Rom. 7:25)

Porque debido a Su salvación, Él ha prometido que no me dejará igual (Fil. 1:6).

La realidad de la obra de Cristo en la cruz hace que pueda mirar mi oscuridad y ver la esperanza en Aquel que hace todo nuevo (2 Cor. 5:17). Él es el lugar más seguro para que yo pueda venir tal y como soy y pueda arrepentirme de todo lo que debería ser pero que aún no soy.

Porque Jesús ha tomado mis pecados, yo puedo confesarlos en la libertad de saber que en Su sangre he sido perdonada y, por lo tanto, no seré destruida, sino restaurada. Mi Dios, el de los nuevos comienzos, el que tiene el corazón más misericordioso que existe, el especialista en ejercer Su gracia para rescatarme de mí misma una y otra vez. Mi Padre quiere que me acerque con un corazón sincero, contrito, humillado mientras reconozco que solo Él es mi esperanza y mi bien. El autor de Hebreos expresa ese mismo sentir con las siguientes palabras:

> Entonces, hermanos, puesto que tenemos confianza para entrar al Lugar Santísimo por la sangre de Jesús, por un

> camino nuevo y vivo que Él inauguró para nosotros por medio del velo, es decir, Su carne, y puesto que *tenemos* un gran Sacerdote sobre la casa de Dios, acerquémonos con corazón sincero, en plena certidumbre de fe, teniendo nuestro corazón purificado de mala conciencia y nuestro cuerpo lavado con agua pura. (Heb. 10:19-22)

Es a la luz de conocerlo a Él, que me puedo ver como soy.
Pero no me veo con desesperación.
Me veo en la esperanza de la restauración.
Aquella que Dios mismo quiere obrar en mí.

Esa esperanza infunde confianza en mi vida para saber que no seré para siempre como soy. Sino que la confianza de conocer cada día más a mi Padre tal como Él es me fortalece para entregarme a Sus pies y dejarlo hacer en mí todo lo que Él quiera hacer hasta el día que me lleve a Su presencia o regrese por segunda vez. El apóstol Juan, inspirado por el Espíritu, lo dijo:

> Amados, ahora somos hijos de Dios y aún no se ha manifestado lo que habremos de ser. *Pero* sabemos que cuando Cristo se manifieste, seremos semejante a Él, porque lo veremos como Él es. Y todo el que tiene esta esperanza *puesta* en Él, se purifica, así como Él es puro. (1 Jn. 3:2-3)

Esa relación de intimidad solo se construye día a día a través de Su Palabra y en oración íntima, genuina y constante. Una relación de deseo mutuo.

Dios quiere tanto que yo esté cerca de Él,
que envió a Su Hijo a morir por mí.
Yo necesito tanto estar cerca de mi Dios,
porque fui creada para Él.

No hay dónde perderse. Por eso Cristo nos exhorta a buscar el reino de Dios y su justicia y todo lo demás será dado por añadidura (Mat. 6:33). Todo lo demás es gracia añadida sobre una realidad que no merecemos: Somos suyos y nos quiere cerca.

Cualquier otro tesoro que yo busque en lugar de Jesús, me traerá solo miserias e insatisfacciones porque nunca será suficiente. Solo Aquel insondable puede llenar un alma inquieta como la mía.

Cuando lo conoces, lo amas

Es técnicamente imposible descubrir algo hermoso y no desearlo, y mientras más lo contemplas, más te enamoras.

Yo amo las puestas de sol, suelo decir que el color que irradia es mi favorito. En la ciudad de Lima vivimos con el cielo nublado de marzo a noviembre, por lo que comprenderás que nos gozamos con el verano porque el cielo tiene colores que no vemos durante el resto del año. Si yo amo las puestas de sol, mi amiga Karen les tiene una fascinación aún más particular. Ella no concibe pasar un día de verano en el que no las contemple y, más aún, se tome una foto con ese escenario de fondo. Lo que yo veo en ella es que ha descubierto la belleza del cielo pintado por las manos de Dios, y mientras más las contempla, su amor por las puestas de sol crece más y más.

Hemos sido hechos para la belleza, porque hemos sido hechos para Dios. En la medida en la que te dediques a contemplar a Dios, así como Karen contempla las puestas de sol, tu amor por Él solamente crecerá.

¿Por qué?
Porque no existe nada más hermoso que Él. De hecho, Él fue quien creó las puestas de sol. La creación no puede ser mejor que el Creador. No olvides que el salmista dijo:

Los cielos proclaman la gloria de Dios, Y el firmamento anuncia la obra de Sus manos.

(Sal. 19:1)

Dios, el que no puede pecar.
Dios, el que no desea hacerte daño.
Dios, el que no te trata como te mereces.
Dios, el que te sigue amando igual, aun en tus peores momentos.
Dios, el que aun cuando eras Su enemigo, dio la vida por ti.
Dios, el Padre de toda misericordia.
Dios, el Rey de justicia.

Podríamos seguir.

No hay nada superior que conocerlo a Él. Cuando lo hacemos, no hay otra respuesta que amarlo. ¿Cómo no amar lo más hermoso que existe? Si amamos lo imperfecto, cada día. ¿Te imaginas conocer al perfectamente hermoso Creador de nuestras vidas? La única respuesta posible es esa: amarlo.

Por muchos años me cuestioné si de verdad amaba a Dios. Creo que en el fondo me cuestionaba porque sabía que mi respuesta se quedaba muy corta. Pero fue al descubrir el corazón de Dios a través de Sus propias palabras reveladas en la Biblia que llegué a entender que lo único que quería era más y más de Él.

Lo amaba.
Lo necesitaba.
Ya no podía imaginar mi vida lejos de Su presencia.

Empecé a amar a Dios de verdad. También pude entender la razón para el más grande mandamiento tal como lo expresó mi Señor Jesucristo:

> Amarás al Señor tu Dios con todo tu corazón, y con toda tu alma, y con toda tu mente. Este es el grande y primer mandamiento. (Mat. 22:37-38)

Decir que amaba a Dios ya no era solo la respuesta correcta que todos los cristianos sabemos que debemos dar porque tenemos el gran mandamiento. Por el contrario, como dice Juan: «Nosotros amamos porque Él nos amó primero» (1 Jn. 4:19). Fue ese amor el que me transformó y el que me arraigó, el que me sigue permitiendo comprender lo ancho, largo, alto y profundo que es Su amor por mí cada día (Ef. 3:17b-19). Es una comprensión que ha sobrepasado el conocimiento y continúa llenando mi alma. Es absolutamente incomprensible.

Es ese amor el que me sostiene,
el que me levanta,
el que me llena y
me restaura.

Es ese amor el que me permite caminar cuando no puedo dar ni un paso más.
Es ese amor el que me impulsa a vivir diferente. El salmista lo expresa con estas palabras:

Amo al Señor,
porque oye mi voz y mis súplicas.
Porque a mí ha inclinado Su oído;
Por tanto *le* invocaré
mientras yo viva.

(Sal. 116:1-2)

Por eso cuando Pablo les dice a los tesalonicenses que el Señor los haga crecer y abundar en amor unos con otros para que sus corazones sean irreprensibles en santidad delante de Dios (1 Tes. 3:12-13), ese texto hoy tiene todo el sentido para mí.

Aunque, ¿sinceramente? Al principio no entendía lo que Pablo quería decir.
Es el amor el que me hace caminar en santidad.
¿Cómo así? ¿Cuál es la conexión ahí?
Confieso que ese día me quedé demasiado rato dándole vueltas a esas palabras porque no las entendía. ¿Qué tiene que ver el amor con la santidad? ¿Cómo es que el amor afirmaría mi corazón para ser irreprensible?

Pero entonces el Espíritu Santo hizo Su trabajo e iluminó mi mente con las mismas Escrituras para aclarar mis pensamientos. Me trajo a la luz el famoso texto que responde a la pregunta «¿Qué es el amor?»:

> El amor es paciente, es bondadoso. El amor no tiene envidia; el amor no es jactancioso, no es arrogante. No se porta indecorosamente; no busca lo suyo, no se irrita, no toma en cuenta el mal *recibido*. El amor no se regocija de la injusticia, sino que se alegra con la verdad. Todo lo sufre, todo lo cree, todo lo espera, todo lo soporta.
> (1 Cor. 13:4-7)

Aquella mañana sentí como si estuviera leyendo ese texto por primera vez. Jesús en la cruz venía a mi mente mientras lo hacía. Mi Señor. Clavado por mis pecados. Mudo ante la osadía de la gente alrededor. Buscando lo mío y lo tuyo: Nuestra eternidad con Él, mientras Él entregaba Su vida. Nuestra libertad de pecados. Odiando tanto la injusticia, que acabó con ella, asumiéndola en sí mismo. Como lo dijo el apóstol Pedro: «Porque también Cristo murió por *los* pecados una sola vez, el justo por los injustos, para llevarnos a Dios...» (1 Ped. 3:18).

Todo lo sufrió, mientras lo clavaban injustamente.
Todo lo creyó, cuando Su Padre guardó silencio en el Getsemaní. Todo lo esperó cuando dijo que consumado había sido.
Todo lo soportó, hasta la muerte.

Quisiera que leyeras nuevamente las palabras de Pablo en 1 Corintios 13:4-7, pensando en la crucifixión de tu Señor.

Jesús es la definición del amor y la definición del amor verdadero es la santidad. Ahí estaba la conexión. Ahí estaba lo que decía Pablo, si yo crecía y abundaba en amor, entonces crecería en santidad. Porque el amor no es como este mundo lo entiende y nos estafa con expectativas irreales. El amor está definido con exactitud en las Escrituras.

Mientras más conozcas a tu Señor,
mientras más tiempo pases delante de Él y con Él,
mientras más crezcas en intimidad en Su presencia,
mientras más creas que te quiere cerca de Él…
Más le amarás.
Y más querrás ser como Él.
Porque ese es el verdadero amor que te capacitará para caminar en santidad.

No se trata de una obediencia forzada. Ese tipo de obediencia no se mantiene en el tiempo. Esa obediencia se verá diluida en algún punto de tu caminar. Tarde o temprano se revelará quién eres de verdad. La obediencia obligada se rompe y no tiene la motivación correcta arraigada en Aquel que no quiere que lo hagas por hacer, sino que obedezcas porque lo amas.

Cuando tu motivación es Cristo mismo y lo que Él ha hecho por ti, entonces todo viene por añadidura y el cambio pareciera no costarte esfuerzo. Es milagro tras milagro el que uno experimenta en la vida. El milagro de dejar de pensar y actuar de la forma en la que lo hiciste por largo tiempo, para pensar y empezar a actuar en la forma en que a Dios le agrada.

En el camino te sorprenderás porque estos cambios ni siquiera te entristecen,
Sino que te traen libertad.
Ahora eres libre.
Aquella victoria que Cristo ganó en la cruz,
La empiezas a experimentar.

¿Acaso no dijo Jesús: «Si ustedes permanecen en Mi palabra, verdaderamente son Mis discípulos; y conocerán la verdad, y la verdad los hará libres… Así que, si el Hijo los hace libres, ustedes serán realmente libres» (Juan 8:31-32,36)?

Nos aferramos demasiado a este mundo y a nuestros anhelos insatisfechos. Pero cuando giramos la mirada y contemplamos a Cristo, lo conocemos y por ende lo amamos: Somos libres.

Hallamos el verdadero gozo que nos libra de toda atadura, de todo lo que nos condenaba y de todo a lo que nos aferrábamos. Mis ojos puestos en Cristo me permiten vivir fuera de la nebulosa espiritual, anhelando mi eternidad junto a Él, mientras que mi Señor me regala más de sí mismo en esa relación tan íntima y profunda que me ha permitido construir en Él.

Los deseos del corazón son transformados porque «AMARÁS AL SEÑOR TU DIOS CON TODO TU CORAZÓN, Y CON TODA TU ALMA, Y CON TODA TU MENTE» (Mat. 22:37) y todo lo demás vendrá por añadidura, porque querrás guardar esa relación, querrás honrarlo y vivir para Él. Ese gran mandamiento transforma el resto de tu vida.

Así como nuestra obediencia forzada se ve diluida, el amor forzado también lo hace. Por eso puedes descansar en saber que no es tu responsabilidad producir amor por Dios. Ese milagro es la obra sobrenatural de Dios en tu vida, es la famosa vida eterna y abundante que prometió Jesús. ¿Qué tienes que hacer tú? Dedicarte a conocerlo con un corazón arrepentido y deseoso de Él.

Si lo conoces, lo amas, y si lo amas quieres vivir para Él

Todo lo anterior hace que nombres como el de Policarpo de Esmirna, Perpetua, Agustín de Hipona, Jonathan Edwards, William Carey, George Muller, Amy Carmichael, Dietrich Bonhoeffer y Jim Elliot no se me hagan tan terriblemente lejanos hoy. Me entusiasma saber lo que Dios hizo con ellos porque sé que eso mismo está haciendo conmigo y en mí, en la medida en la que continúe creciendo en este camino de intimidad con Él.

Quiero vivir para ti, Señor.
Con todo lo que soy.
Con todo lo que me cueste.
Más de ti.
Menos de mí.
Hasta que te vea, cara a cara.
Hasta que mi alma sea plena,
Porque por fin estaré contigo.
Para siempre.

Reconozco que escribir estas palabras es un milagro en mi vida. Es una obra sobrenatural e inmerecida. He sido capacitada por Su Espíritu para decir lo que mis labios se negaban a decir. Sé también que cuando Dios lleva a cabo estas palabras implica más muerte a mi yo y sé que eso duele, sé que se sufre. Sin embargo, la invitación es a perder la vida en la cruz, con mi Señor, porque solo ahí la hallaré. No olvidemos lo que Jesús decía con absoluta claridad: «Y a todos les decía: "Si alguien quiere seguirme, niéguese a sí mismo, tome su cruz cada día y sígame. Porque el que quiera salvar su vida, la perderá, pero el que pierda su vida por causa de Mí, ese la salvará"» (Luc. 9:23-24).

Por eso no temo, porque no hay mejores manos,
No hay manos más seguras.

Más tiernas.
Mejores abrazos,
Palabras que me sostengan mejor,
Que las de mi Señor y Salvador.

Por eso vivir para Él es un deleite, aunque haya noches oscuras donde le diga al Señor: «Ya no más». Aun en esas noches mi Señor nunca me ha soltado, Su gracia me ha levantado y Su amor me ha sostenido para recordarme que me ama tanto, que no me dejará igual y que no desperdiciará ni una lágrima del dolor que este mundo y mi pecado traen sobre mí para mi bien y Su gloria.

De pronto uno empieza a entender las palabras de Jesús cuando dice que Su yugo es fácil y Su carga es ligera (Mat. 11:30). De pronto te das cuenta de que la vida cristiana no es pesada ni difícil, sino que es un deleite. Por eso David podía decir: «Yo me deleito en Tu ley» (Sal. 119:70b). La ley que antes nos afligía, nos oprimía y nos condenaba.

Hoy vemos cómo el mandamiento de Dios nos hace libres, porque tenemos un poder sobrenatural que obra en nosotros para caminar con la mirada fija en los cielos, siendo capaces de renunciar y dejar todo lo que Dios nos pida.

En resumen: dejar mi vida a los pies de la cruz. Lista para vivir la vida que Él tiene para mí.

¿Cuándo se me hace difícil vivir para Cristo?
Cuando he quitado mis ojos de Él, he dejado de escucharlo y he preferido a alguien o a algo más en Su lugar.
Cuando sola me he saboteado y me he querido creer la mentira de que Cristo no es suficiente y que Su Palabra no tiene razón.

Así de frágil y vulnerable soy.
Así de débil y necesitada estoy cada día de mi Señor.
Así de fuerte necesito sostenerme de Él cada día.
Porque Jesús tenía razón cuando dijo que separados de Él nada podemos hacer (Juan 15:5b).

¿La esperanza que sostiene esta realidad?
La cruz y el Cristo victorioso y resucitado sentado a la diestra de Dios (Hech. 2:33).

La cruz me dice que no necesito esconderme más, ya no vivo más en el Edén, huyendo de Dios en silencio y viviendo en vergüenza. Vivo en la realidad del Calvario que precede a la tumba vacía, donde la victoria ha sido consumada y soy libre para caminar con mi Señor cada día porque Él tiene todo poder y autoridad en el cielo y en la tierra (Mat. 28:18).

Libre. Sabiendo que aunque me caiga, Su gracia rescatadora me restaurará y seguirá tratando conmigo porque Él es el Dios de las nuevas oportunidades.

El punto de quiebre

Por lo tanto, no importa en qué momento de tu vida cristiana te encuentras. No importa si llevas veinte años dando tumbos y no has encontrado el camino de regreso. Quiero animarte. Quiero recordarte que Jesús está a la puerta, listo y deseoso de sentarse a la mesa contigo para darte del alimento que tu alma necesita intensamente (Apoc. 3:20).

No quiero cerrar este libro sin que antes hagamos juntos un trabajo de introspección delante del Señor. Aunque mi propósito principal al escribir este libro ha sido ayudarte a trazar un camino que te ayude a construir una relación íntima con Dios a través de la meditación de la Biblia, debo decirte que ese camino de intimidad nos debe llevar a una vida radical y santa.

Haremos nuestro último ejercicio juntos. Será una lista de aquello que necesitas dejar, aquello a lo que debes morir, aquello a lo cual necesitas renunciar. ¿Para qué? Para vivir por completo para la gloria de Dios. De modo que vamos a tomarnos unos minutos para poner nuestro corazón en el lugar correcto, recordando quién es nuestro Dios y qué espera de nosotros.

Quiero que leas este texto de 2 Corintios:

> De modo que si alguno está en Cristo, nueva criatura *es*; las cosas viejas pasaron, ahora han sido hechas nuevas. Y todo esto procede de Dios, quien nos reconcilió con Él mismo por medio de Cristo, y nos dio el ministerio de la reconciliación; es decir, que Dios estaba en Cristo reconciliando al mundo con Él mismo, no tomando en cuenta a los hombres sus transgresiones, y nos ha encomendado a nosotros la palabra de la reconciliación.
>
> Por tanto, somos embajadores de Cristo, como si Dios rogara por medio de nosotros, en nombre de Cristo les rogamos: ¡Reconcíliense con Dios! Al que no conoció pecado, lo hizo pecado por nosotros, para que fuéramos hechos justicia de Dios en Él. (5:17-21)

Porque Cristo se hizo pecado, hoy puedes reconciliarte con Dios a pesar de tu pasado. Porque todo eso ha sido hecho nuevo a la luz de la obra de Jesucristo, no hay nada que debería estar atándote, y si es que lo está, entonces es momento de parar.

Por eso quiero animarte a tener un momento de oración con el Señor. Cierra tus ojos y usa tu imaginación para sentarte a conversar con Él.

Pregúntate: ¿Qué hay aún pendiente que no quieres soltar o renunciar? ¿Qué amas más que a tu Señor? ¿Con qué estás luchando que te impide correr libremente a los brazos de Jesús? ¿Qué áreas en tu vida necesitan ser ordenadas?

Tómate un momento, ora y deja que el silencio y la quietud te envuelvan para que escuches el susurro de la brisa apacible. La voz de Dios hablándole a tu corazón.

Aquí te espero.

Hay decisiones que deben ser tomadas a la luz de Su Palabra. Toma tu cuaderno y escribe aquello que aun representa una lucha, aquello que Dios te ha mostrado en oración y a lo que necesitas renunciar y dejar.

Cuando termines, vuelve a cerrar tus ojos, regresa a sentarte con tu Señor. Nada vale más la pena en esta vida que vivir para Cristo. Si aún hay algo que te está haciendo dudar de esa afirmación, pídele ayuda al Señor. Pídele que haga una cirugía de corazón abierto y un milagro en tu vida. Pídele que se revele de forma sobrenatural y te ayude a dejar aquello que te sigue atando. Confiesa tu pecado y clama por restauración. Clama por un corazón que ame a Cristo más que a nadie y a nada.

Porque Jesús es más que suficiente.

Haciendo lo necesario

En el siglo XVIII vivió un hombre llamado Jonathan Edwards. Es conocido por ser uno de los teólogos más grandes de Estados Unidos; de hecho, Dios lo usó para producir uno de los avivamientos más importantes en su país cuando predicó un sermón titulado «Pecadores en las manos de un Dios airado». Aunque una de las principales razones por las que se le conoce es por el gran despertar que produjeron sus enseñanzas, yo valoro mucho su influencia cada vez que me expongo a sus resoluciones.

Edwards escribió setenta resoluciones personales que determinó para su vida a lo largo de varios años. En ellas se recordó sus debilidades, las áreas donde era más frágil y lo que haría para enfrentar sus luchas. Su propósito era vivir para la gloria de Dios. Permíteme compartirte alguna de mis favoritas:

> 25. Tomo la resolución de examinar cuidadosa y constantemente, qué cosa en mí es la que me provoca duda en lo más mínimo del amor de Dios; y entonces dirigir toda mi fuerza contra ella.

37. Estoy resuelto a indagar todas las noches, al ir a la cama, en qué cosas he sido negligente, qué pecado he cometido, y en qué me he negado a mí mismo; también al fin de cada semana, mes y año.

43. Estoy resuelto, de aquí en adelante, hasta que me muera, a nunca actuar como si fuera mi propio dueño, sino entera y completamente soy de Dios porque será agradable ser hallado así.

44. Hago la resolución de que ningún otro fin sino la religión [relación con Dios] tendrá ninguna influencia en absoluto en mis acciones; y que ninguna acción se llevará a cabo, bajo ninguna circunstancia con un propósito que no sea este.

56. Estoy resuelto a nunca detenerme, ni ablandarme en lo más mínimo en mi lucha contra mis corrupciones, no importando si no he podido lograrlo.[4]

El ejemplo de Edwards me anima a tomarme la vida en serio para la gloria de Dios. Por esa razón y habiendo llegado al final de este libro, sabiendo lo que tienes que hacer y habiendo escuchado la voz de Dios, quiero animarte a escribir algunas determinaciones o resoluciones para vivir para el Señor.

Puedes guiarte de las que he colocado líneas arriba mientras piensas en las tuyas. Deja la lista abierta y continúa llenándola a lo largo de tu vida, sin dejar de volver a ellas cada cierto tiempo.

¿Por qué termino este libro con una lista de resoluciones? Porque no quiero que estas páginas se queden solo como lectura. Quiero exhortarte a que tomes acción y las medidas necesarias para vivir para la gloria de Dios, una vida radical y santa

4. «Las 70 resoluciones de Jonathan Edwards», *Aviva nuestros corazones*, https://www.avivanuestroscorazones.com/articulos/las-70-resoluciones-de-jonathan-edwards/

que conoce profundamente a Aquel que lo ha salvado y que solo puede entender la vida viviéndola en Su presencia mientras se deja guiar y santificar por Él.

Esto implicará tomar decisiones sobre tu ritmo de vida, tus hábitos, tus conclusiones, tus relaciones interpersonales, el manejo de tus tiempos, el contenido al que te expongas, las conversaciones que te permites tener y más.

Anhelo que veas la necesidad de tomar decisiones que cuiden tu mente y tu corazón para hacer de Dios tu prioridad y dejar que Él te transforme hacia Su voluntad. Un día a la vez.

Dios ha sido bueno en traernos hasta acá. Tener la posibilidad de conocer al Señor profundamente solo habla del corazón de nuestro Padre, quien no ha terminado con nosotros y nos levanta del polvo, nos saca del desierto y nos quiere dar un nuevo comienzo.

Esa es su especialidad.
La gracia restauradora de Aquel que nos ama y no nos dejará igual.

¿Estás listo?

«¿No *ardía nuestro corazón* dentro de nosotros mientras nos hablaba en el camino, cuando nos abría las Escrituras?».

—Los discípulos de Emaús,
Luc. 24:32, énfasis añadido

APÉNDICE A

Corta esta hoja y pégala en la contratapa de tu Biblia

¿Cómo está mi corazón hoy?

Corazón insensible

Trato la Palabra de Dios con superficialidad. La leo y no hago nada con ella.

Corazón impulsivo

Actúo sin reflexionar las Escrituras. Siento un gozo momentáneo, pero las pruebas lo apagan rápido.

Corazón afanoso

Estoy lleno de afanes, deseos y sueños de este mundo.

Corazón sensible

Mi corazón no es duro, ni superficial, ni afanoso. Es tierra fértil y está deseoso de escuchar la voz de Dios.

APÉNDICE B

Corta esta hoja y pégala en la contratapa de tu Biblia

Evaluando mi motivación de lectura delante del Señor

¿Por qué estoy leyendo hoy mi Biblia?

Es parte de mi rutina He aprendido a hacer esto como parte de mi día a día; sin embargo, no sé en qué momento dejó de ser útil y dejó de darme vida. Tampoco sé cómo cambiarlo.	**Para no sentir culpa** Si no leo me siento mal. Sé que es lo que debería estar haciendo y lo que se espera de los cristianos, así que por eso lo hago.
Quiero escuchar a Dios Necesito que Dios me hable, estoy sediento de Su voz que calma mi corazón, sostiene mis pensamientos y guarda mi caminar.	**Necesito amar a Dios cada día más** Sé que solo a través de Su Palabra puedo conocer al Dios que me ha salvado, quiero seguir conociéndolo porque no hay nadie como Él y quiero amarlo cada día mejor.

APÉNDICE C

EL MÉTODO DINÁMICO DE MEDITACIÓN

A continuación quiero compartir el método de meditación bíblica que fui creando a lo largo del tiempo. Este es un método que me gusta mucho porque utiliza distintas herramientas de meditación para llevarnos de la mano a una mayor profundidad.

No podemos olvidar que para entender e interpretar de manera adecuada la Biblia necesitamos estudiarla, pero para conectar con la voz del Dios que escribió este libro, para que esas palabras hoy impresas sobre un papel cobren vida en nuestro corazón... necesitamos desarrollar el hábito de la meditación bíblica.

El estudio bíblico es absolutamente necesario, pero por sí solo recae únicamente en un conocimiento intelectual. La meditación es el conector, el puente, que usa Dios para sellar ese conocimiento en nuestro corazón y afectar directamente nuestras vidas para transformarlas como Él ha prometido que lo hará, produciendo en nosotros un amor más profundo por Él.

Esa es una obra sobrenatural que nosotros no podemos hacer solos, necesitamos la ayuda de Dios, es por eso que en cada uno de estos pasos necesitamos hacerlo siendo guiados por Él, a través de Su Espíritu Santo.

A continuación te presentaré el **Método Dinámico**, el cual he creado para que más hombres y mujeres se acerquen al Señor de forma guiada para profundizar más en las Escrituras.

En mi canal de YouTube (@riveramajo) encontrarás muchos videos en los cuales enseño este método a creyentes alrededor del mundo. Estos videos serán útiles para aprender a desarrollar el método en tus tiempos con el Señor.

PASOS

Paso 1: Copia el texto tal como aparece en tu Biblia. Escríbelo en la hoja en la que trabajarás tu meditación.

Paso 2: Desglosa el texto. Separa el texto por ideas; de hecho, los conectores (porque, para que, a fin de que, por tanto, etc.) y las palabras que expresan contraste (pero, sino, etc.) son indicadores importantes de una nueva idea. El desglose te permitirá observar el texto con mucha más claridad.

Paso 3: Diagrama el texto. Usa tu creatividad para dibujar, diagramar, mapear el texto a meditar. Este proceso te ayudará a repasar el orden, las ideas conectadas y el mensaje que el autor quiso dar. Apóyate en todas las herramientas visuales que quieras utilizar para representar el texto.

Paso 4: Observa y presta atención a los detalles. Ahora regresa a tu texto desglosado después de diagramarlo. Qué diferente se ve, ¿cierto? Ahora que logras verlo como un todo y que entiendes mejor las ideas del autor puedes empezar a ver los detalles. Pregúntale a Dios dónde necesitas fijar tu atención, qué es lo que Él quiere hablarte hoy. Quizás ya lo sabes. Pero déjame darte algunas ideas que pueden servirte:

- Alguna palabra clave que no deja de llamar tu atención.
- Alguna conexión que ves en el texto.
- Ideas que se repiten.
- Algún énfasis que hace el autor que toca tu corazón.

La pregunta es: ¿dónde Dios está llamando tu atención?

Paso 5: Escribe sobre eso. Tómate el tiempo necesario para escribir sobre lo que Dios te está mostrando. De hecho, puedes hacerlo a modo de oración, a modo de conversación con Dios. Eso puede ayudarte mucho porque lo harás personal e íntimo delante del Dios que todo lo ve y todo lo sabe.

Hasta aquí hemos trabajado mi método dinámico de meditación bíblica. El objetivo es trazar un camino para que puedas darle espacio a la Palabra del Dios vivo en tu mente, para que esta cobre vida en tu corazón.

El tiempo con Dios no debe ser una tarea más en tu día, debe ser **el momento más especial de tu día** porque es un tiempo separado intencionalmente para compartir con el Creador de los cielos y de la tierra, quien además es tu Papá. Entonces, no lo tomes a la ligera, recuerda delante de quién estás y pídele que mueva tu corazón hacia Él.